Mi primera ENCICLOPEDIA del SABER

María Mañeru
Pablo Alcázar

LIBSA

© 2024, Editorial LIBSA
C/ Puerto de Navacerrada, 88
Polígono industrial Las Nieves
28935 Móstoles. Madrid
Tel. (34) 91 657 25 80
e-mail: libsa@libsa.es
www.libsa.es

ISBN: 978-84-662-4041-3

Textos: María Mañeru
Ilustrador: Pablo Alcázar Alarcón
Edición: Equipo editorial Libsa
Maquetación: Equipo de maquetación Libsa

DL: M 4133-2024

Contenido

Presentación

¡Adelante! No tengas miedo a saber. Aquí tienes la primera herramienta para aprender cultura general. ¡El conocimiento es poder!

Ya en el siglo XVIII un tal Diderot y su amigo d'Alembert intentaron recopilar el conocimiento de su época en la primerra enciclopedia. Reunir las artes y las ciencias en un solo libro no es una tarea fácil; de hecho, a estos dos les llevó unos cuatro años de trabajo y eso que contaban con unos 140 colaboradores... Además, nosotros teníamos un reto mayor: una enciclopedia con la que aprender divirtiéndose. Nadie dijo que fuera fácil, pero lo hemos hecho dándole forma de... ¡cómic!

Date primero una vuelta por el Sistema Solar, visitando sus planetas y

deteniéndote en la Tierra, un planeta único porque en él... ¡hay vida! Vamos a mostrarte quién habita en los océanos, mares, bosques, selvas o montañas, ¡incluso en lugares tan inhóspitos como el desierto o el Polo! Por supuesto, tendremos que hablar largo y tendido de los seres vivos, empezando por el principio, los dinosaurios, y luego por todos los animales que pueblan la Tierra, ordenados por categorías: reptiles y anfibios, aves, carnívoros, herbívoros, insectos, etc., hasta llegar a los primates, nuestros ancestros.

Hablemos de nosotros, los *Homo sapiens,* los seres humanos. Somos una máquina perfecta reforzada con huesos y músculos y dotada de un sistema respiratorio, digestivo o circulatorio que podrás ver desde dentro.

Por supuesto, no puedes perderte el último capítulo dedicado a la historia y el arte. Explora grandes civilizaciones como Egipto, Grecia o Roma; estudia la Edad Media y el Renacimiento, la Revolución francesa, industrial o científica. Tú también formas parte de la última revolución tecnológica, ¿te atreverás a escribir tu propia página?

5

Universo y planetas

El Universo es inmenso, tiene tantas galaxias que aún no las han contado todas y dentro de cada galaxia, hay miles de millones de estrellas... Así que seamos prácticos y acerquémonos un poco más, zuuuuuum...

El Sol

En un rincón de ese gran Universo hay una estrella que para nosotros brilla más que ninguna otra: nuestro amigo el Sol, fuente de luz y calor.

¡HOLA! SOY EL SOL. TENGO UNOS 4,6 MILES DE MILLONES DE AÑOS, PERO BRILLO MUCHÍSIMO Y... ¡TODOS DAN VUELTAS A MI ALREDEDOR!

8

EL SOL, LA ESTRELLA

El Sol se cree muy importante, pero es una estrella corrientita, una **ENANA AMARILLA** de tamaño medio. Aún es joven, cuando crezca, se convertirá en una **GIGANTE ROJA,** luego en una **ENANA BLANCA** y luego... ¡PLOF! ¡Se apagará!

Enana amarilla   Gigante roja   Enana blanca   ¡PLOF!

Si partieras el Sol como una naranja en cada capa pasarías este calor:

1. **Núcleo:** ¡Uf! ¡Unos 15 millones de °C!
2. **Fotosfera:** algo así como 6 000 °C
3. **Cromosfera:** de 4 000 a 20 000 °C
4. **Corona:** de 1 a 3 millones de °C

Corona ④

Cromosfera ③

Fotosfera ②

Núcleo ①

¡BUENOS DÍAS SEÑOR SOL!

¡DULCES SUEÑOS, TERRÍCOLAS!

OTOÑO

INVIERNO

PRIMAVERA

VERANO

La Tierra gira sobre sí misma, de manera que en la parte en la que le da el Sol es de **DÍA** y en la que no le da, es de **NOCHE**. Además, la Tierra gira alrededor del Sol y hay periodos en los que recibe su calor con más o menos intensidad: **¡SU PASO MARCA LAS CUATRO ESTACIONES!**

¡¡UFF!! ¡QUE CALOR!

¡VIVA LA ECOLOGÍA!

¡PLOF!

Gracias a la luz del Sol producimos **VITAMINA D** para tener fuertes los huesos, así que toma el sol cada día…

¡PERO SIEMPRE CON CREMA PROTECTORA!

La **LUZ DEL SOL** se puede almacenar en placas solares para transformarla en electricidad, es una energía limpia y barata.

Los planetas

¿Quieres conocer de cerca los planetas que dan vueltas alrededor del Sol? Te presentamos a estos siete vecinos de la Tierra.

¡BÚÚÚÚ! ¡ME GUSTA LLEVAR LA CONTRARIA!

¡LO MÍO ES EL CONTRASTE!

ALGÚN DÍA TENDRÉ PISCINAS...

¡QUE ME CAIGOOOOO!

10

1 **Mercurio:** es pequeño, pero el más rápido girando alrededor del Sol. De día hay más de 400 °C y de noche, -180 °C.

2 **Venus:** es el más brillante, pero su atmósfera de ácido sulfúrico y dióxido de carbono te envenenaría. Además, gira del revés.

3 **Tierra:** mira en las páginas 12 y 13.

4 **Marte:** el planeta rojo es nuestro vecino más próximo, pero incómodo para vivir: seco, frío, con terremotos (mejor dicho, martemotos)... ¡pero tiene agua en forma de hielo!

Tienes que saber es que hay **CUATRO PLANETAS ROCOSOS** (Mercurio, Venus, Tierra y Marte) y otros **CUATRO GASEOSOS** (Júpiter, Saturno, Urano y Neptuno). Los rocosos están más cerca del Sol que los gaseosos. Conócelos uno por uno.

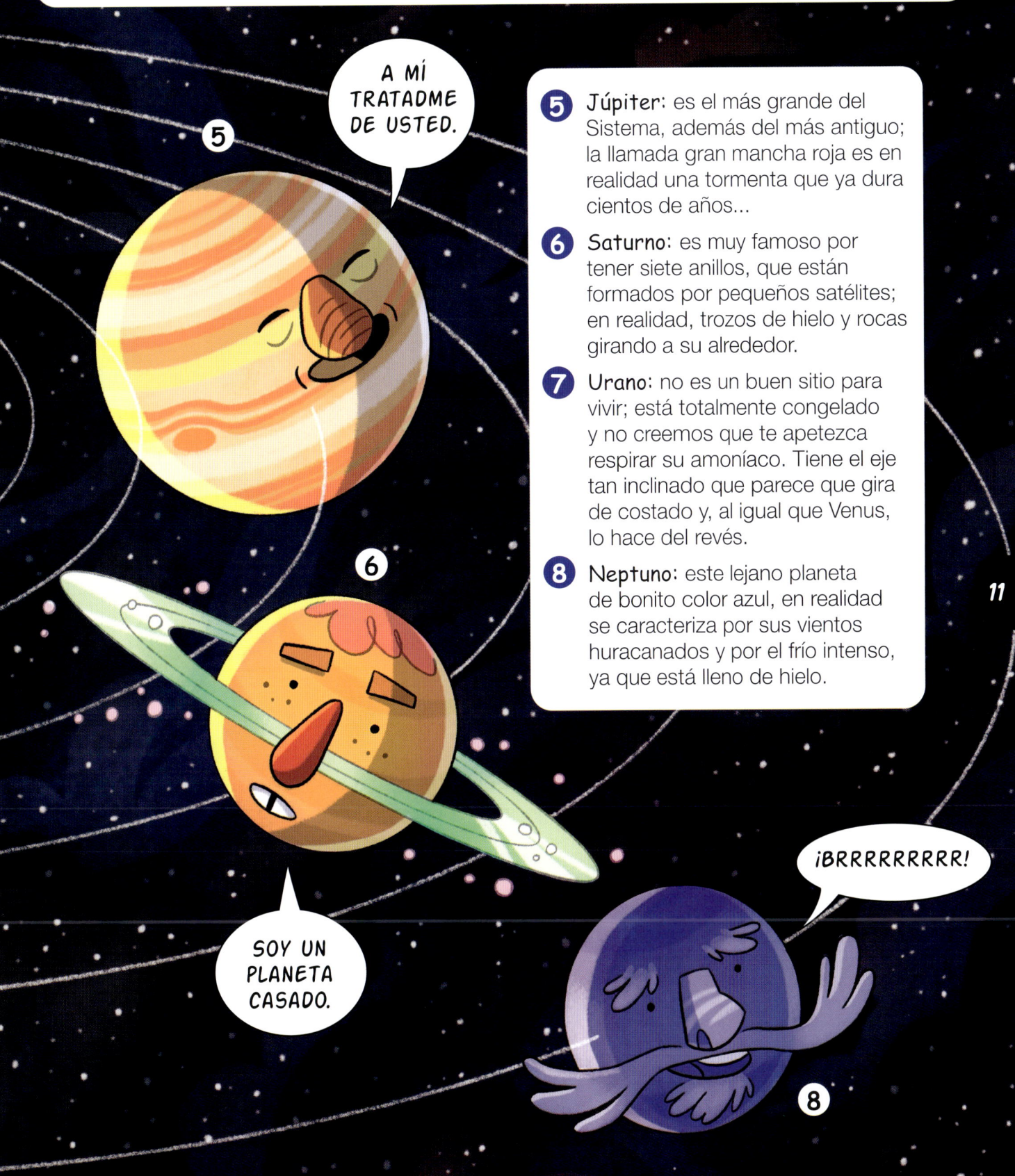

A MÍ TRATADME DE USTED.

5 Júpiter: es el más grande del Sistema, además del más antiguo; la llamada gran mancha roja es en realidad una tormenta que ya dura cientos de años...

6 Saturno: es muy famoso por tener siete anillos, que están formados por pequeños satélites; en realidad, trozos de hielo y rocas girando a su alrededor.

7 Urano: no es un buen sitio para vivir; está totalmente congelado y no creemos que te apetezca respirar su amoníaco. Tiene el eje tan inclinado que parece que gira de costado y, al igual que Venus, lo hace del revés.

8 Neptuno: este lejano planeta de bonito color azul, en realidad se caracteriza por sus vientos huracanados y por el frío intenso, ya que está lleno de hielo.

SOY UN PLANETA CASADO.

¡BRRRRRRRR!

11

La Tierra y la Luna

Solo uno de los planetas del Sistema Solar tiene vida y es nuestra casa: la Tierra. Su mejor amiga es la Luna, su único satélite. Llevan millones de años dando vueltas juntas... ¡Sin marearse!

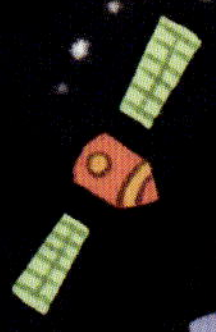

12

Veamos la **TIERRA** por dentro...

1 **Núcleo**: de hierro y níquel muy calentito: ¡a más de 5 426 °C!

2 **Manto**: roca fundida.

3 **Corteza**: oceánica o continental (el agua y la tierra).

La **LUNA** unos **28 DÍAS** en dar una vuelta completa a la Tierra, pero siempre nos muestra la misma cara.

ESTE ES MI PERFIL BUENO.

No es que la Luna tenga agujeros como un queso, sino que está llena de **CRÁTERES** debido al impacto de los **METEORITOS** que chocan contra ella.

¡PLOFFFF!

Cuando la Luna gira alrededor de la Tierra, la luz del Sol puede iluminar una parte u otra según su posición, por eso la vemos de diferentes formas. A esto se le llaman **FASES DE LA LUNA.**

FASES DE LA LUNA

LUNA NUEVA o Luna negra, porque no se ve.

CUARTO CRECIENTE, con media Luna iluminada.

LUNA LLENA completamente iluminada.

CUARTO MENGUANTE, con media Luna iluminada.

AUUUUUUUU...

Hay muchas leyendas sobre la Luna, pero no son verdaderas: no nacen más bebés ni salen hombres lobo ni te crece más el pelo cuando hay Luna llena. **¡NO TE LO CREAS!**

Constelaciones

A los seres humanos nos encanta soñar e imaginar, así que cuando nos tumbamos a mirar el cielo nocturno, en lugar de ver grupos de estrellas, vemos animalitos y otras cosas maravillosas.

Jirafa

¡LA SEGUNDA ESTRELLA A LA DERECHA!

Cuervo

Camaleón

Hay **88** CONSTELACIONES en total, 36 en el hemisferio norte y 52 en el hemisferio sur que son como un mapa para orientarse. En el hemisferio sur encontrarás por ejemplo un camaleón, una liebre, un lobo... ¡Hasta una mosca!

Liebre

Osa menor

TAMBIÉN LA LLAMAN POLARIS

14

Osa mayor

Cisne

Delfín

En el hemisferio norte hay un pequeño zoo en el que destaca la **OSA MAYOR...** ya sabemos que no se parece en nada a un oso; por eso también lo llamamos «el carro» o «el cazo».

La **OSA MENOR** tiene siete estrellas, como su mamá, y es muy parecida, aunque más pequeña. En el extremo tiene la estrella más brillante: **LA ESTRELLA POLAR.** Sirve para señalar el Polo Norte y no perderse jamás.

Hay **12 CONSTELACIONES** dedicadas al Zodiaco, una por signo. Hay que echarle imaginación para ver las figuras, pero tú tienes mucha…

1 Aries **2** Tauro **3** Géminis **4** Cáncer **5** Leo **6** Virgo
7 Libra **8** Escorpio **9** Sagitario **10** Capricornio **11** Acuario **12** Piscis

Serpiente

Águila

Lobo

Mosca

Hay tantas constelaciones que no cabían todas en esta página, pero no podemos irnos sin mencionarte una muy importante para no perderse nunca en el hemisferio sur: la Crux o Cruz del Sur.

Viajes espaciales

Seguro que alguna vez has tenido la ilusión de ir al espacio. No eres el primero, antes que tú muchos tuvieron ese sueño... ¡Y algunos lo consiguieron! Esta es la historia de los viajes espaciales, abróchate el cinturón porque despegamos en 3, 2, 1...

Nuestro diario espacial empieza el 4 de octubre de 1957, cuando la Unión Soviética lanzó el primer satélite artificial de la historia, el **SPUTNIK 1.** Esta bola plateada orbitó la Tierra durante 92 días.

¡FUI LA PIONERA!

¡GUAU, GUAU!

En 1957 los rusos enviaron el **SPUTNIK 2** con el primer ser vivo astronauta de la historia: la **PERRITA LAIKA.**

El primer humano que voló por el espacio fue **YURI GAGARIN** a bordo del **VOSTOK 1.** Dio una vuelta a la Tierra y desde arriba, dijo…

… ¡LA TIERRA ES AZUL!

En 1963 la astronauta rusa **VALENTINA TERESHKOVA** fue la primera mujer en viajar al espacio exterior. Se dio un paseo largo: 48 vueltas a la Tierra en la **VOSTOK 6.**

¡70 HORAS DE VUELO!

Estados Unidos envió la nave **APOLO 11** a la Luna en 1969. El 21 de julio, el comandante Neil Armstrong fue el primer ser humano en pisar la Luna y lo hizo con una frase super famosa… «Es un pequeño paso para un hombre, pero un gran salto para la humanidad».

YO ME TUVE QUE QUEDAR EN LA NAVE…

Michael Collins

¡LA TENÍA PREPARADA!

Edwind *Buzz* Aldrin

Neil Armstrong

Como buenos turistas, Armstrong y Aldrin sacaron fotos del paisaje lunar y se trajeron algún *souvenir*, como 23 kilos de rocas. ¡Uf, vaya recuerdo más pesado!

Vida en el espacio

A unos 400 km de la Tierra hay una pequeña ciudad del tamaño de un campo de fútbol habitada de forma permanente por seis astronautas; es la Estación Espacial Internacional (EEI).

La **ENERGÍA ELÉCTRICA** se obtiene de placas solares. ¡Buena idea!

Para construirla fueron uniendo **MÓDULOS;** o sea, que se van añadiendo «habitaciones» a la casa espacial común.

Los astronautas son de distintas nacionalidades, en la EEI se han hablado hasta **15 LENGUAS DISTINTAS...** Pero tranquilos, se entienden en inglés.

Da **UNA VUELTA** a la Tierra cada 90 minutos, así que los astronautas ven 16 amaneceres cada día.

¡QUÉ BONITO!

KEEP CALM AND LOVE SPACE.

La Tierra, nuestra casa

Nuestro planeta nos puede parecer un venerable ancianito, ya que tiene unos 4500 millones de años. Pero eso no es gran cosa comparado con el universo, aunque a la Tierra esos años le han dado para tener un poco de todo: océanos, bosques, desiertos, montañas...

Océanos y mares

Es el planeta azul, lo llamamos Tierra, pero deberíamos llamarlo Agua, porque... ¡más del 70% de nuestro planeta es agua! Y casi toda está en océanos y mares (el resto está en ríos, lagos, glaciares y hasta en el aire).

Además, el agua no se queda quieta, sino que está todo el tiempo moviéndose:

¡ES EL CICLO DEL AGUA!

CICLO DEL AGUA

1 Evaporación

2 Condensación

3 Precipitación

4 Infiltración (aguas subterráneas)

5 Escorrentía

UN OCÉANO ES UNA MASA ENORME DE AGUA SALADA Y EN LA TIERRA HAY CINCO.

¡GLUB, GLUB!

Hola, soy el océano **PACÍFICO,** el más grande de todos. En mis aguas hay unas 25 000 islas y tengo la gran fosa de las Marianas, el punto más profundo de todos los océanos.

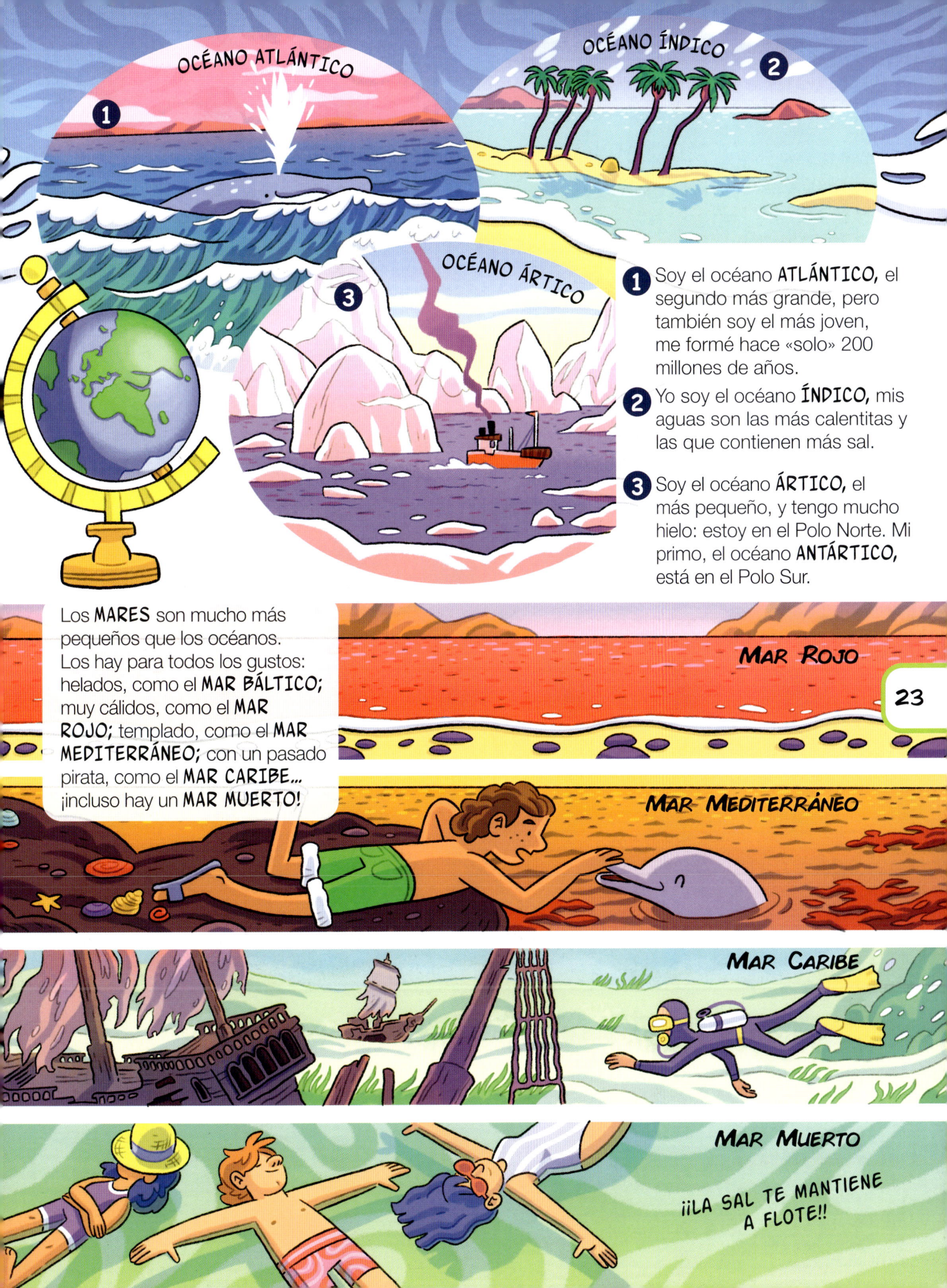

OCÉANO ATLÁNTICO

OCÉANO ÍNDICO

OCÉANO ÁRTICO

1. Soy el océano **ATLÁNTICO,** el segundo más grande, pero también soy el más joven, me formé hace «solo» 200 millones de años.

2. Yo soy el océano **ÍNDICO,** mis aguas son las más calentitas y las que contienen más sal.

3. Soy el océano **ÁRTICO,** el más pequeño, y tengo mucho hielo: estoy en el Polo Norte. Mi primo, el océano **ANTÁRTICO,** está en el Polo Sur.

Los **MARES** son mucho más pequeños que los océanos. Los hay para todos los gustos: helados, como el **MAR BÁLTICO;** muy cálidos, como el **MAR ROJO;** templado, como el **MAR MEDITERRÁNEO;** con un pasado pirata, como el **MAR CARIBE...** ¡incluso hay un **MAR MUERTO!**

MAR ROJO

23

MAR MEDITERRÁNEO

MAR CARIBE

MAR MUERTO

¡¡LA SAL TE MANTIENE A FLOTE!!

Bosques y selvas

Son los pulmones de la Tierra, ya que los árboles absorben dióxido de carbono (CO_2) y nos devuelven oxígeno: ¡Cuídalos!

BOSQUE BOREAL
En las regiones más frías del norte, entre pinos y abetos, viven animales como los renos y alces. ¡Llévate un abrigo grueso!

BOSQUE TEMPLADO

En las zonas templadas de la Tierra crecen sobre todo robles y hayas, que son el hogar de osos, mapaches, ardillas o zorros… ¡y en alguna seta, quizá un gnomo!

BOSQUE TROPICAL O SELVA

Con tanta humedad crecen plantas exuberantes: helechos, plátanos, orquídeas… Todo está lleno de musgo y enredado de lianas… ¡O de serpientes!

También puedes charlar con los loros, comer bananas con los monos, saludar a los tucanes, sorprenderte con el oso hormiguero y huir del tigre.

Desiertos

De arena o de rocas, calurosos o fríos, pero siempre sin lluvia... ¡No necesitarás paraguas!

DESIERTO DEL SAHARA (ÁFRICA)
Es el desierto cálido más grande del mundo...
Una playa gigantesca, pero sin mar.

¿¡!?

¡ALGUNAS DE MIS DUNAS TIENEN CASI 200 M DE ALTURA!

DESIERTO DE GOBI (ASIA)
No es cómodo para vivir, porque en un mismo día puedes pasar de 45 ºC a -47 ºC, ¡vaya contraste!

POR AQUÍ PASABA LA RUTA DE LA SEDA

DESIERTO DE ATACAMA (AMÉRICA)
Es el más seco del mundo, pero el mejor lugar del planeta para contemplar las estrellas, ¡los astrónomos lo adoran!

¡POR AQUÍ HA PASADO EL RALLY DAKAR!

Como no llueve nunca, las plantas se las ingenian para sobrevivir: no tienen hojas, sino espinas y pinchos, y su cuerpo carnoso almacena la poca agua que cae.

¡ÁYYYYY!

Muy pocos animales viven en los desiertos: reptiles como las serpientes, insectos como los escorpiones y mamíferos pequeños, como los ratones. Y, por supuesto, camellos y dromedarios, que tienen un almacén de agua en sus jorobas.

... Y YO SOY EL MÁS GUAPO...

POR FAVOR, NO NOS LLEGÁIS A LAS PEZUÑAS... ¡NOSOTROS SOMOS FUENTES ANDANTES!

SOY LA MEJOR: ¡TENGO UN CASCABEL!

... PERO YO TENGO UN AGUIJÓN...

Polo Norte

Polo Sur

Los Polos

En los extremos del planeta Tierra hay dos casquetes de hielo, que son el Polo Norte (arriba) y el Polo Sur (abajo).

POLO NORTE

Aunque parezca mentira, no tiene tierra debajo, solo es una inmensa masa de hielo flotando sobre el océano. Aquí hay un montón de icebergs y viven los osos polares.

Los **ICEBERGS** son trozos desprendidos de ur. glaciar que flotan en el océano. Parece pequeño, pe. engaña: la parte que asoma sobre el agua es diminuta, comparada con la que se oculta debajo… ¡Sorpresa!

UN PRIMO MÍO HUNDIÓ EL TITANIC…

OTROS ANIMALES que viven en el Polo Norte son morsas, focas, zorros, lobos árticos y el búho nival.

EN NUESTRA FAMILIA SE LLEVA EL COLOR BLANCO.

POLO SUR
También se llama **ANTÁRTIDA,** no es un lugar cálido… ¡veranos a unos -25 ºC! Aquí viven un montón de pingüinos.

El pingüino emperador es un papá excelente: incuba el huevo durante varios meses y se turna con la mamá para proteger al polluelo.

I ♥ PAPI & MAMI

La expedición del noruego **ROALD AMUNDSEN** fue la primera en llegar al Polo Sur en 1911 gracias a sus trineos tirados por perros.

En cambio, el explorador británico **ROBERT SCOTT** llevó ponis y, aunque consiguió llegar al Polo Sur (34 días más tarde), nunca regresó.

Los seres vivos

Conocemos casi dos millones de especies de seres vivos (aunque hay muchas más) y naturalmente, en este libro no caben todas, pero sí te vamos a mostrar una selección que va desde los animales prehistóricos ya extintos hasta los más increíbles animales que hoy pueblan nuestro planeta. Por tierra, mar y aire, la vida se abre paso.

Dinosaurios

Cuando los dinosaurios eran los dueños y señores de la Tierra...

... Existía un único super continente, Pangea, que se dividió en dos:

Pangea

Gondwana y Laurasia

¡Hace 240 millones de años!

Paleozoico	Triásico	Jurásico	Cretácico	Cenozo...
		Mesozoico		

La dinoépoca de oro fue el Mesozoico en sus tres periodos: Triásico, Jurásico y Cretácico. Entonces vivieron los seres **M** **GRANDES** que han habitado la Tierra

SOY VEGETARIANO, PERO CUIDADO CONMIGO: MI COLA ES UN LÁTIGO.

Por ejemplo, nuestro amigo el **DIPLODOCUS**, tenía cuerpo de barril gigante, patas robustas, cabeza pequeña y cuello y cola larguísimos.

34

¡GRRRRRR! ¡DOY MUCHO MIEDO!

El famoso **TIRANOSAURIO REX** era muy peligroso: de cabeza enorme y dientes de hasta 20 cm, cuerpo, cola y patas traseras muy fuertes… ¡Pero bracitos diminutos!

Sabiendo que las llamaban **AVES DEL TERROR,** te haces a la idea de que no eran encantadoras mascotas, sino gigantescas aves depredadoras.

TENGO DOS CUERNOS LA MAR DE ELEGANTES.

ADMIRA MI PICO GANCHUDO Y MIS GARRAS AFILADAS.

SOY UN VEGETARIANO GIGANTE.

¿Te imaginas un enorme rinoceronte con abrigo de piel? Eso era el **RINOCERONTE LANUDO.** Necesitaba todo ese pelo para abrigarse durante la glaciación.

Un **OSO CAVERNARIO** de pie podía medir más de 3 m, pero tranquilos, a él le encantaba comer hierbas y frutas.

Este reptil parece el antepasado del cocodrilo. Es el **SARCOSUCHUS,** que tenía un cráneo de 1,80 m de largo y con el cuerpo, pasaba de los 11 m.

EN FAMILIA ME LLAMAN SUPERCROC.

El **MEGALODÓN** es el primo mayor (y peligroso) del gran tiburón blanco. Abría la boca y sembraba el terror con sus afilados dientes de hasta 20 cm.

Reptiles y anfibios

Todos son vertebrados y ovíparos, pero se diferencian en el vestido: los reptiles tienen escamas y los anfibios... ¡Ups! ¡Van con la piel desnuda!

Además, los **ANFIBIOS** sufren una **METAMORFOSIS** o cambio de aspecto al hacerse adultos.

Huevo   Larva

Rana   Renacuajo

METAMORFOSIS DE LA RANA

...ptil de ...go cuerpo y sin patas. Hay más de 3000 especies, pero vamos a detallar dos: la cobra y la boa.

A la **BOA** le encanta dar abrazos apretados, por eso es «constric... además tiene el récord de su e... con sus hasta 5 m de largo.

En el Antiguo Egipto la **COBRA** simbolizaba el poder del faraón y en India los encantadores de serpientes las hacen bailar al son de la flauta.

El **COCODRILO** es un reptil de gran familia: aligátores, caimanes y gaviales. Puede parecer un tronco inmóvil en el agua, pero... ¡Cuidado con su poderosa mandíbula!

Este reptil con caparazón es la **TORTUGA.** Es muy lenta por tierra, pero nada a 35 km/h.

Otros reptiles muy curiosos que no debes olvidar son…

El **CAMALEÓN**, que cambia de color.

El **DRAGÓN DE KOMODO**, el lagarto más grande que existe.

¡VIVA EL PUNK!

La **IGUANA**, con su cresta espinosa por la espalda.

¡MIRA MI LENGUA BÍFIDA!

El anfibio más famoso es la **RANA**, capaz de nadar y de dar grandes saltos. Su novio, el **SAPO**, es poco agraciado, tiene la piel llena de verrugas y mal genio: casi todos son venenosos.

¡HOP!

¡HOP!

39

La **SALAMANDRA** es un anfibio con pinta de lagartija, pero de piel negra con topos amarillos o rojos... ¡A la moda!

Parecido a la salamandra, pero más pequeño y menos adornado, tenemos al **TRITÓN**.

El **AJOLOTE** es un anfibio con superpoderes; no sufre metamorfosis, (permanece joven toda su vida) y puede regenerar cualquier parte de su cuerpo.

¡CUÍDAME, ESTOY EN PELIGRO DE EXTINCIÓN!

Aves

También son vertebradas y ovíparas, pero tienen la peculiaridad de que están cubiertas de plumas y tienen pico y alas, aunque no todas pueden volar...

El **PINGÜINO** no vuela, aunque nada muy bien y es un experto superviviente en las zonas más frías del planeta.

¡LA GALLINA TAMPOCO VUELA!

COC COC COC

El **AVESTRUZ** no vuela, pero es una gran corredora. Es el ave terrestre más grande y pesada.

¡HASTA 60 KM/H! ¡ATRÁPAME SI PUEDES!

Las **AVES RAPACES** tienen una vista excelente, un pico curvado muy fuerte y unas garras afiladas para cazar. La reina es el **ÁGUILA,** que caza de día, aunque el rey de la noche es el **BÚHO.**

¡UUUUUUH!

¡MUEVO LAS ALAS 60 VECES POR SEGUNDO!

El **COLIBRÍ** es el más peque del grupo y muy habilidoso: puede volar en todas las direcciones, ¡incluso hacia atrás!

En la selva viven las aves con más colorido: **LOROS, TUCANES** y **GUACAMAYOS** son preciosos… ¡pero muy ruidosos!

¡PRRRRR!

¡LORITO!
¡PRRRRR!

Las **AVES ZANCUDAS** tienen las patas muy finas y largas, como la cigüeña o el flamenco. Les encanta dormir sobre una sola pata.

En el bosque encontrarás el dulce canto del **RUISEÑOR** y el **JILGUERO**... y también al ruidoso **PÁJARO CARPINTERO**.

TOC
TOC
TOC

En el estanque viven aves que vuelan y nadan igual de bien: los **PATOS**. Y junto a ellos, el hermoso **CISNE**.

CUA
CUA
CUA

ESTO ES LO QUE LLAMAN «PAVONEARSE».

Aunque siempre habrá quien le robe el protagonismo al cisne, ya que por aquí viene el **PAVO REAL**, con su magnífica cola decorada.

Vida acuática

Hay casi 28000 especies de peces, casi todos son seres vertebrados con el cuerpo cubierto de escamas y que respiran bajo el agua gracias a sus branquias.

Cangrejo

He aquí el animal más grande del planeta: **LA BALLENA AZUL.** ¡Lee y compara!

Los **MOLUSCOS** y los **CRUSTÁCEOS** no son peces, pero conviven con ellos llenando de color el fondo marino.

Ballena azul
(30 metros)

¡COMO UN GÉISER!

Cachalote
(16 metros)

BALLENAS, ORCAS y **DELFINES** son cetáceos: están adaptados al agua, pero respiran por pulmones y son mamíferos.

Los cetáceos tienen un espiráculo o agujero en la cabeza para respirar. Cuando toman aire, sale un chorro de vapor de agua.

42

Caballito
de mar

La **ORCA** va vestida en blanco y negro, vive en grupos y es una super cazadora de peces.

Tiburón blanco
(5 metros)

Tiburón
martillo

Niño
(1,3 metros)

Orca
(8 metros)

Tiburón sierra

Anguila

¡¡HOLA SALTA CONMIGO!!

El **TIBURÓN BLANCO** no tiene huesos, sino que es cartilaginoso. Su mandíbula es 300 veces más fuerte que la tuya y con dos hileras de dientes como sierras en continuo crecimiento.

El **DELFÍN** es muy, muy listo y sociable. Vive en grupos y se comunica con los demás dando saltos, bailando e incluso hablando con silbidos y clics.

¡BIENVENIDO A ESTE PASEO SUBMARINO!

Busca y encuentra todos estos amigos…

- Un animal con pinchos y otro caído del cielo.
- Dos moluscos muy amigos con muchos brazos.
- Un pez que podría trabajar en el circo.
- Dos peces con herramientas de carpintería.
- Un pez que es «primo» de los caballos.
- Un animal con pinzas que camina lateral.
- Un pez con aspecto de serpiente.
- Un pez que se infla como un globo.
- Un animal casi transparente.
- Un pez con cuerno de unicornio.
- Un pez armado con espada.

Pez espada

Narval

43

Pez globo

Medusa

Pez payaso

Pulpo y calamar

Erizo de mar

Estrella de mar

Carnívoros terrestres

Son vertebrados, carnívoros, mamíferos y con el cuerpo cubierto de pelo como un peluche adorable... Pero, ¡cuidado! Algunos son fieros y muy peligrosos.

MMMMM...

OSOS hay de todos los colores: marrón como el **OSO PARDO**, negro como el **OSO AMERICANO** y blanco como el **OSO POLAR**, que es el más feroz y solo come carne (su preferida, la de foca). En cambio, el oso pardo y el americano comen de todo: carne, bayas... ¡hasta tu merienda!

El **GUEPARDO** tiene uno de los abrigos más bonitos del reino animal y el récord de velocidad terrestre, con un sprint de hasta 115 km/h.

El **LEÓN** es el rey, con su impresionante melena... Pero la verdad es que las que cazan son las leonas, mientras que ellos pasan casi todo el día durmiendo.

ZZZZZZZ

JI JI JI

La **HIENA** no te gustará mucho: es carroñera (come animales muertos). Eso sí, tiene un gran sentido del humor...

Si nos adentramos en la selva, encontraremos al **JAGUAR,** con un pelaje manchado para camuflarse en la espesura… aunque a veces hay ejemplares albinos o completamente negros y entonces los llaman **PANTERA NEGRA.**

Y hablando de felino, tenemos al solitario **TIGRE,** con el pelo naranja con rayas negras. Es un gran cazador, incluso de cocodrilos, gran acechador, saltador y nadador.

El bosque es la casa de carnívoros como el **MAPACHE,** que lleva antifaz, tiene la cola anillada y le encanta comer: desde ranas y peces o frutos y semillas… ¡Hasta lo que encuentre en el cubo de la basura!

La **COMADREJA** es pequeña y tiene el cuerpo muy alargado con el pelo muy suave y sedoso. Se mete en las madrigueras para cazar ratones y topos, conejos y hasta serpientes.

MMMMM, AQUÍ HAY DE TODO.

SOY EL MEJOR AMIGO DE EL PRINCIPITO.

AUUUUUUUU…

45

Se dice que este animal es muy astuto y algo tramposillo, pero todo son cuentos. Los **ZORROS** tienen un hocico muy fino y una cola muy gruesa, son cazadores solitarios de pequeñas presas y también les gusta la fruta.

En bosques y montañas encontrarás este carnívoro que vive en manadas y caza en grupo. El **LOBO** no aúlla a la luna, en realidad está comunicándose con su familia.

Herbívoros terrestres

A pesar de su nombre, no comen solo hierba, sino hojas, frutas, raíces y semillas; es decir, cualquier vegetal. No tienen las armas de un cazador, así que para protegerse usan otras estrategias.

1 Rumen: acumula la comida sin masticar y la expulsa para volverla a masticar.

2 Retículo: fermenta la comida ya masticada.

3 Omaso: vuelve a fermentar la comida.

4 Abomaso: estómago real que lleva la comida al intestino.

Algunos herbívoros como el **CIERVO** son **RUMIANTES.** Comen mucho rápidamente, sin masticar del todo y luego regurgitan la comida para volver a masticarla más tarde. Para hacerlo, tienen un sistema digestivo complejo...

¡SLURP!

El animal terrestre más grande es un herbívoro: el **ELEFANTE.** Inconfundible por su larga trompa, que usa para «hablar» (o barritar), para tocar, para coger cosas o para ducharse. Además, tiene dos poderosos colmillos y unas grandes orejas para abanicarse.

Y el animal terrestre más alto es otro herbívoro: la **JIRAFA.** Hasta 6 m de altura, de los cuales el cuello mide casi la mitad. ¡Solo su lengua mide medio metro!

Otros colosos son el **RINOCERONTE,** con su característico cuerno sobre la nariz y su gruesa piel acorazada, y el **HIPOPÓTAMO,** semiacuático y con una boca y unos dientes enormes.

En la sabana africana viven también las **CEBRAS,** con su curiosa piel negra con rayas blancas con un patrón único en cada ejemplar, como si fuese su huella dactilar; y las ágiles **GACELAS,** siempre muy atentas ante guepardos y leones.

En el Altiplano vive la **LLAMA,** cubierta de lana muy sedosa. Se domesticó como animal de carga. Eso sí, no tiene muy buen humor, cuando se enfada, escupe y da patadas.

Por la pradera pasea tranquilamente el **BISONTE,** grande, pesado y con una buena joroba. Para los indios norteamericanos era un animal mágico y en tiempos prehistóricos los seres humanos lo pintaron en sus cuevas...

¡FLAP!

Y SALGO MUY FAVORECIDO.

QUÉ ASTAS TAN BONITAS.

Por el bosque verás herbívoros como el **CIERVO** o el **ALCE,** con una gran cornamenta, o mucho más pequeños, como la **ARDILLA** o el **CONEJO,** que son roedores con grandes dientes incisivos.

Insectos

Estos animales son invertebrados, ovíparos y en general, muy pequeños y numerosos. Conocemos un millón de especies distintas de insectos: representan el 90% de los seres vivos de la Tierra.

Los insectos cuentan con dos antenas, seis patas y dos alas. En lugar de huesos, tienen un **EXOESQUELETO** externo que les protege el cuerpo y está dividido en tres partes:

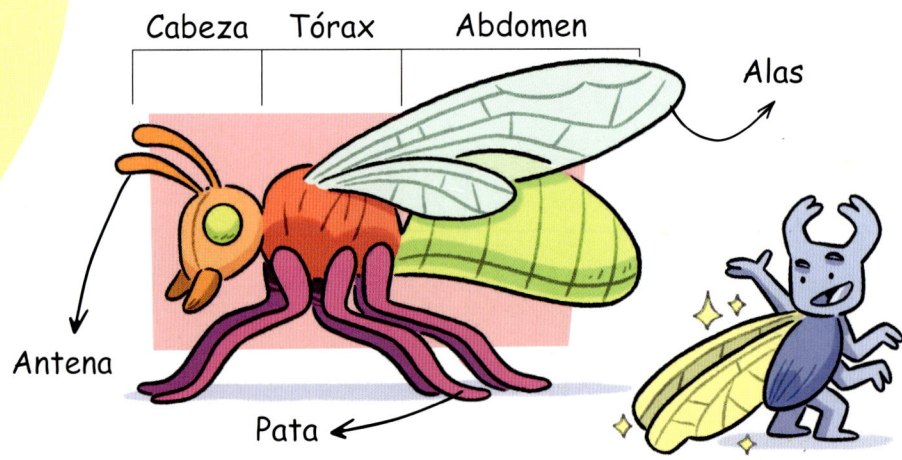

Cabeza Tórax Abdomen

Alas

Antena

Pata

Te presentamos al **SALTAMONTES.** Por su nombre ya intuirás que es muy saltarín: su salto equivale a 20 veces su propio cuerpo. Mide unos 5 cm y… ¡puede saltar hasta 1 m!

48

El **GRILLO** es el artista, oficial entre los insectos. No es muy guapo, con su aspecto de cucaracha, pero al frotar sus alas, produce música.

CRI CRI CRI
CRI CRI

AHORA SOY UNA ORUGA...

... DE MAYOR SERÉ GUAPA.

POLILLA

Uno de los insectos más espectaculares es la **MARIPOSA.** Las hay de muchos colores y tamaños, y también nocturnas, como las **POLILLAS.** Comienzan su vida siendo orugas peludas y feas y se transforman en hermosos insectos de alas coloridas.

NO SOMOS LOS MALOS DE ESTA PELÍCULA.

MOSCAS y **MOSQUITOS** son molestos, con sus zumbidos y picaduras, pero… ¿sabías que las moscas son necesarias para eliminar los restos de plantas y animales muertos, porque comen materia en descomposición? ¿Y que los mosquitos ayudan a las plantas en la polinización?

Los **ESCARABAJOS** o coleópteros incluyen 400 000 especies; los hay grandes, pequeños, lisos, con topos, con rayas y hasta con el brillo de una joya.

¡MIRA QUÉ OJAZOS TENGO!

La **LIBÉLULA** es la más larga y elegante. Sus ojos cubren casi toda su cabeza y le dan una visión de 360° gracias a sus 30 000 omatidios con los que distingue colores y movimientos.

La **MANTIS RELIGIOSA** debe su nombre a la postura de sus patas delanteras (parece estar rezando). No es muy cariñosa: se come al macho tras el apareamiento.

Muy bien escondidos están el **INSECTO HOJA** y el **INSECTO PALO**… ¡Búscalos!

Algunos insectos viven en familias muy organizadas donde cada uno tiene una misión, como las **HORMIGAS** y las **ABEJAS…**

En la colmena o en el hormiguero la **REINA** es la mamá y las **OBRERAS** trabajan. Estos animalitos se comunican entre sí y mantienen el equilibrio del ecosistema ayudando en la polinización.

Animales singulares

Hay animales inclasificables, son los más originales del reino animal. Diferentes, raros, insólitos... ¡Extraordinarios!

El trono de la extravagancia animal lo tiene el **ORNITORRINCO.** Es mamífero pero pone huevos, tiene pico de ave, el cuerpo peludo, las patas y la cola adaptadas a la vida acuática y un espolón venenoso.

AUSTRALIA es el continente con más rarezas animales. No hablamos solo del ornitorrinco, sino de muchos más:

El **KOALA** es como un osito gris que se alimenta de hojas de eucalipto y que duerme… ¡20 horas diarias!

El **DEMONIO DE TASMANIA** es como un perrito negro muy musculoso, pero maloliente, gritón y fiero.

El **EQUIDNA** es otro mamífero que pone huevos y tiene todo el cuerpo lleno de espinas.

El **CANGURO** va a todas partes saltando y lleva a su bebé en el bolsillo de su barriga (el marsupio).

Un animalito pequeño, pero muy peculiar es el **CIEMPIÉS.** No tiene exactamente cien pies, sino que puede tener desde 30 hasta… ¡382!

¡GASTO MUCHO EN ZAPATOS!

De **OSO PANDA** quedan menos de 2000 ejemplares en libertad en China. Parece que lleva anteojos por su peculiar pelaje blanco y negro.

MI COMIDA FAVORITA ES EL BAMBÚ.

¡Atención!
¡Un mamífero volador!
El **MURCIÉLAGO** parece un ratón con alas… ¿Recuerdas al Pterosaurio? Pues él también alargó los dedos con una membrana para poder volar. Y duerme boca abajo.

El **PANGOLÍN** es pequeño, pero se defiende muy bien con su cuerpo acorazado lleno de placas o escamas duras. ¡Y puede convertirse en una bola!

¡LLEVO ARMADURA!

NUESTRA TELA RESISTE MÁS QUE EL ACERO.

¡CUIDADITO CONMIGO!

No son insectos, porque tienen ocho patas en lugar de seis. Algunas **ARAÑAS** son expertas tejedoras. Claro que también las hay peligrosas por su veneno, al igual que sus colegas, los **ESCORPIONES.**

Y otro de perfil único: el alargado **OSO HORMIGUERO.** Fíjate en su cabeza y hocico, la lengua puede llegar a medir 60 cm y es pegajosa para atrapar su plato favorito, las hormigas y termitas.

NO TENGO DIENTES.

Primates

El orden de los primates es un grupo de mamíferos con más de 400 especies; una de ellas somos nosotros, los *Homo sapiens*. Primates y humanos tenemos un ancestro común: ¡nos parecemos bastante!

El primer suborden de los primates es la familia de los **LÉMURES** de Madagascar. Como tú, tienen cinco dedos en la mano y el pulgar oponible, pero también una cola.

SOMOS LOS MONOS DEL NUEVO MUNDO.

Hay muchos tipos de monos, los que llaman del Nuevo Mundo son pequeños, con cola larga y prensil y el hocico achatado con los agujeros de la nariz laterales. Los más famosos son el **CAPUCHINO** y el **TITÍ**.

LOS MONOS CLÁSICOS MOLAMOS MÁS.

Los monos del Viejo Mundo son medianos o grandes, tienen cola no prensil y los agujeros de la nariz apuntan hacia abajo. Son los **BABUINOS**, **MACACOS** y **MANDRILES**.

El grupo antropomorfo, el más parecido a nosotros, es el de los **GRANDES SIMIOS,** que incluye **CHIMPANCÉS, GORILAS** y **ORANGUTANES.** Todos tienen pulgar oponible, no tienen cola larga, son inteligentes y emplean herramientas.

CHIMPANCÉS y **BONOBOS** comparten un 98 % de su ADN con los humanos. El chimpancé vive al norte del río Congo y el bonobo al sur.

NUESTRA MEJOR AMIGA ES JANE GOODALL.

53

A pesar de ser tan grandes, no es fácil ver un **GORILA;** quedan muy pocos escondidos en los bosques africanos. Van a cuatro patas y viven en familias donde el jefe es el macho «espalda plateada».

De pelaje más largo y rojizo, los **ORANGUTANES** viven más en los árboles, donde construyen su nido y comen, aunque a veces bajan a pescar. Orangután en la lengua malaya significa «hombre de la selva».

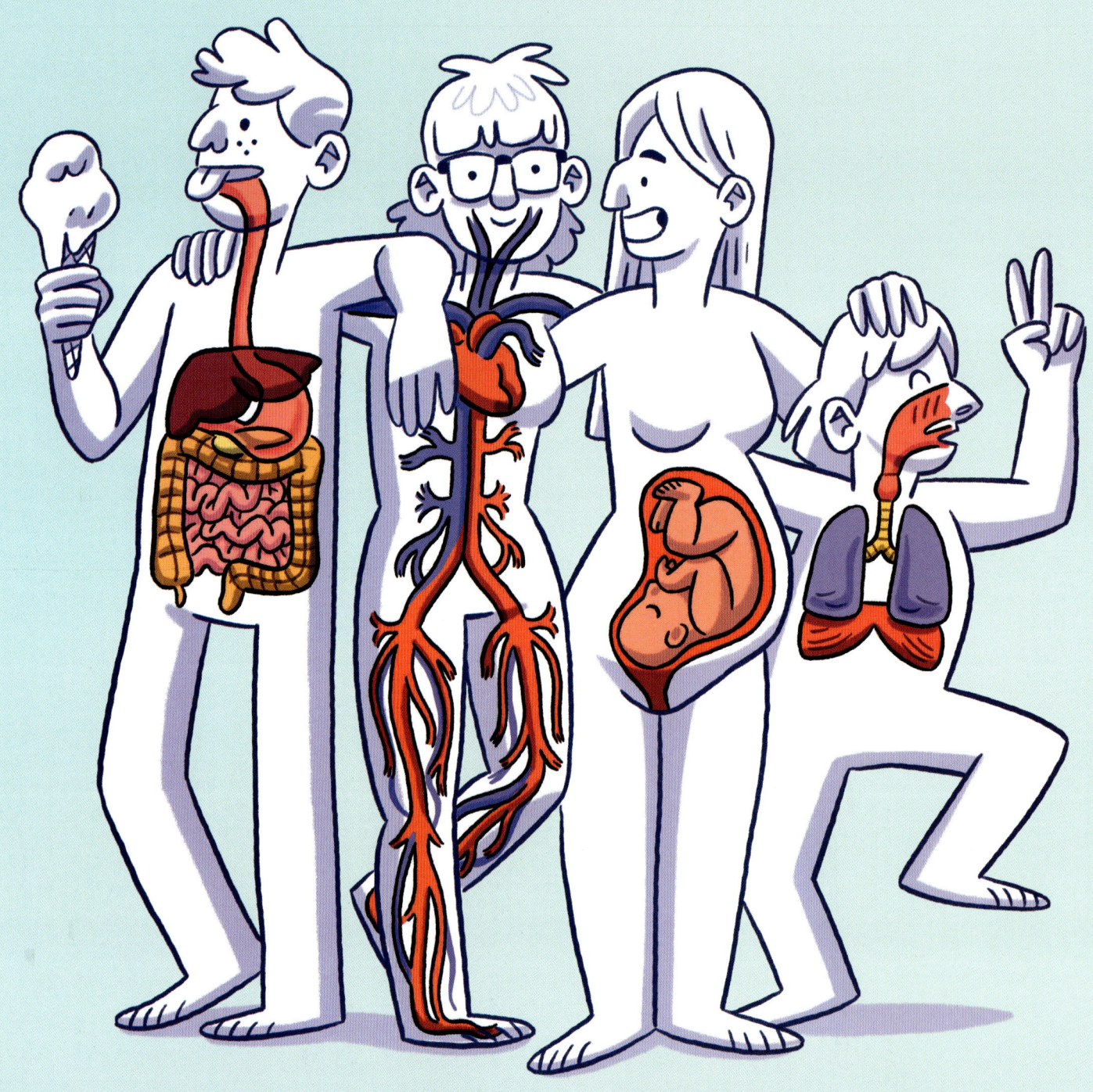

Sistema digestivo

Sistema circulatorio

Sistema reproductor

Sistema respiratorio

Nuestro cuerpo

Tu cuerpo es una máquina perfecta (así que cuídalo), pero para que funcione bien, todas las piezas deben estar sanas y coordinarse entre sí. Te presentamos algunos de los sistemas que trabajan para ti.

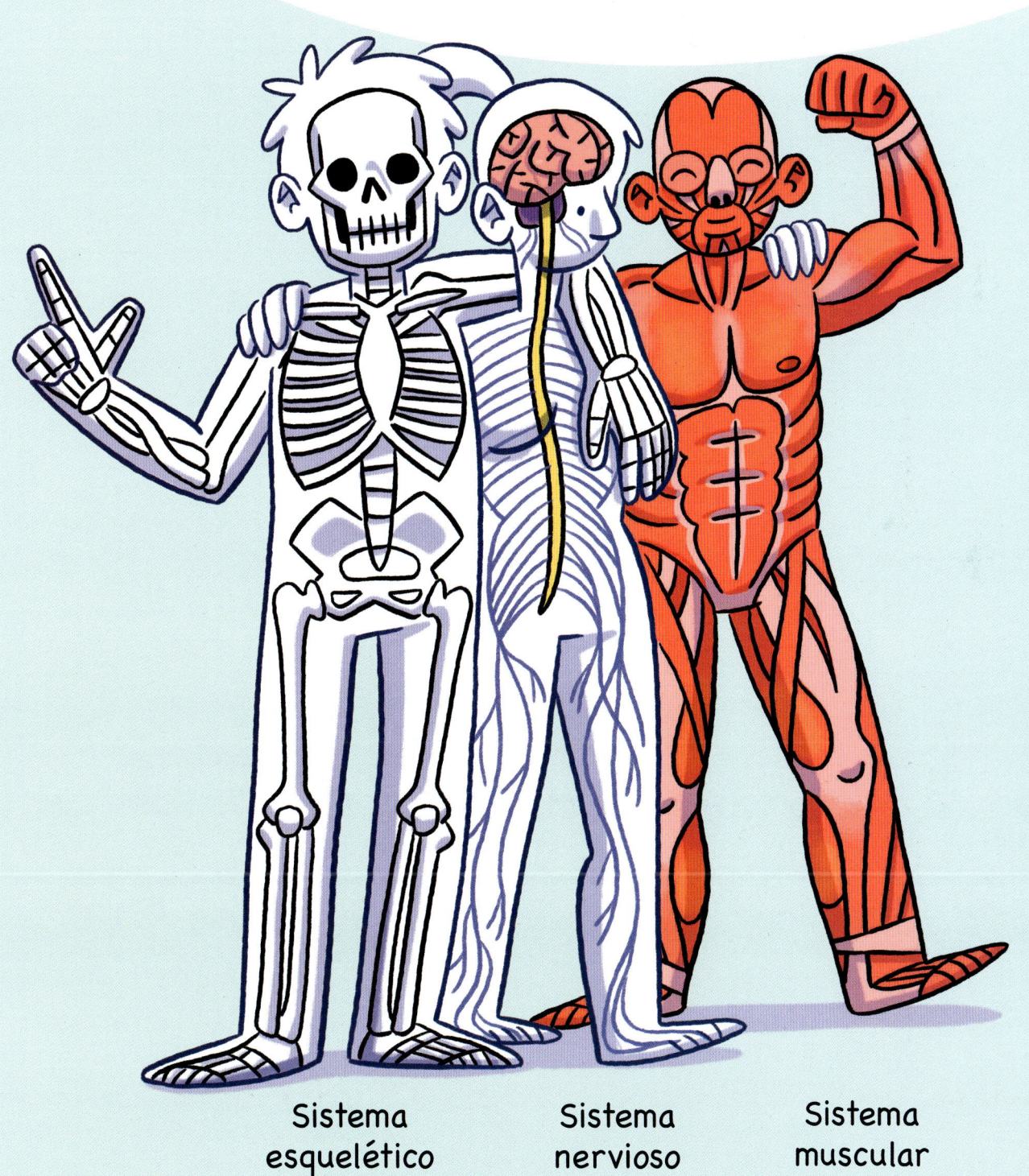

Sistema esquelético

Sistema nervioso

Sistema muscular

Sistema esquelético

Sostiene nuestro cuerpo y sin él no podríamos correr, ni caminar, ni saltar, ni hacer otras muchas cosas.

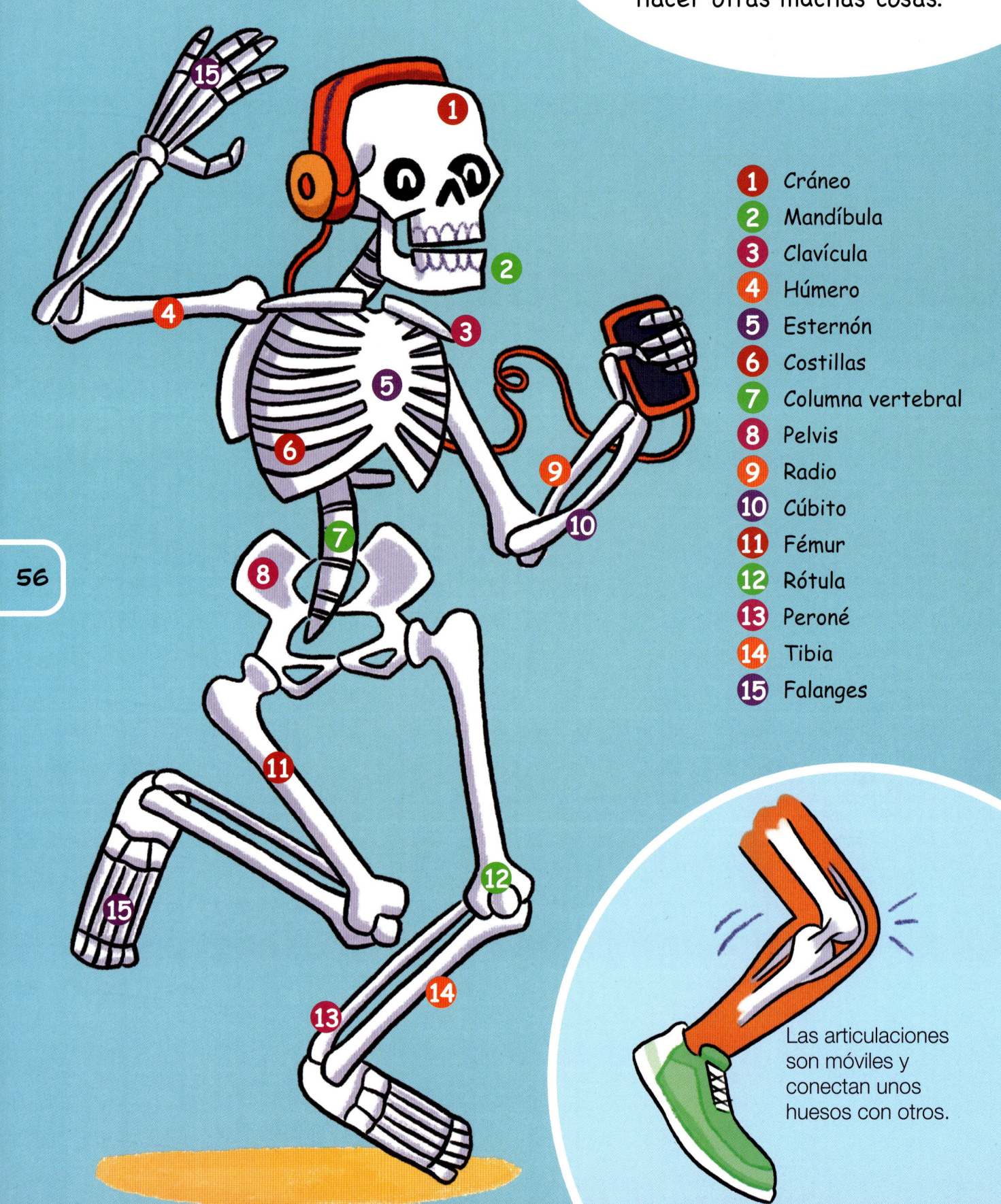

1. Cráneo
2. Mandíbula
3. Clavícula
4. Húmero
5. Esternón
6. Costillas
7. Columna vertebral
8. Pelvis
9. Radio
10. Cúbito
11. Fémur
12. Rótula
13. Peroné
14. Tibia
15. Falanges

Las articulaciones son móviles y conectan unos huesos con otros.

¡SOMOS LOS MÁS HUESUDOS!

UUUUUFFFF...

Nuestros **206 HUESOS** nos mantienen de pie y son el mejor escudo protector de nuestros órganos. Más de la mitad están en cada uno de los **PIES** (26) y en cada **MANO** (27), mientras que en la **CABEZA** hay 29.

¡No, no!, los **DIENTES** tienen calcio y esmalte, pero si se rompen no se pueden reparar, porque **NO SON HUESOS.**

El **HUESO MÁS PEQUEÑO** es el **ESTRIBO,** que está en el oído junto al martillo y el yunque.

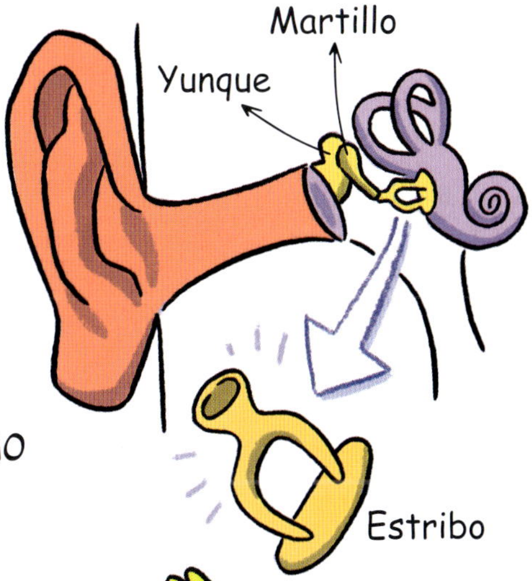

Martillo

Yunque

Estribo

PUFFF... ¡CÓMO PESA!

Nuestro **HUESO MÁS LARGO** y resistente es el **FÉMUR,** además cubre una cuarta parte de nuestra altura y soporta nuestro peso.

¡¡SOY EL MÁS LARGO!!

Sistema muscular

Los huesos te sostienen, pero para poderte mover necesitas unas fibras flexibles, aunque fuertes, y para eso tienes más de 600 músculos... ¡Así que muévelos!

1. Esternocleidomastoideo
2. Deltoides
3. Bíceps
4. Tríceps
5. Pectoral
6. Abdominal
7. Intercostal
8. Sartorio
9. Cuádriceps
10. Gemelos
11. Glúteo

58

Hay músculos, como el **CORAZÓN,** que se mueven sin que te des cuenta: son involuntarios (mejor así, porque si se parase, te morirías). Estos **MÚSCULOS INVOLUNTARIOS** te ayudan a cerrar los ojos cuando estornudas o a hacer la digestión.

Otros **MÚSCULOS** los mueves de forma **VOLUNTARIA:** por ejemplo, los de las piernas cuando le das una patada a un balón o los de los brazos al nadar.

PUM

PUM

PUM

¡VAMOS ALLÁ MÚSCULOS!

¡GOOOL!

SPLASH, SPLASH

¡CAMPEONES!

La conexión entre el hueso y el músculo es el **TENDÓN.**

Hueso

Músculo

Tendón

El **MÁS FUERTE:** el masetero, en la mandíbula, ejerce hasta 90 kg de fuerza.

Masetero

El **MÁS LARGO:** el sartorio, hasta 40 cm.

Sistema respiratorio

Quizá nunca hayas prestado atención, pero cada vez que respiras estás dejando entrar oxígeno en tu cuerpo (inspiración) para luego expulsar dióxido de carbono (espiración). Es un proceso algo más complicado de lo que crees, así que primero date una vuelta por cada parte:

Un ser humano es capaz de aguantar **2 o 3 MINUTOS SIN RESPIRAR,** pero hay personas capaces de aguantar hasta 22 minutos sin expulsar el aire…

¿TE LO PUEDES CREER?

¡Qué curioso! El **PULMÓN IZQUIERDO** es más pequeño que el derecho para dejar suficiente hueco al corazón.

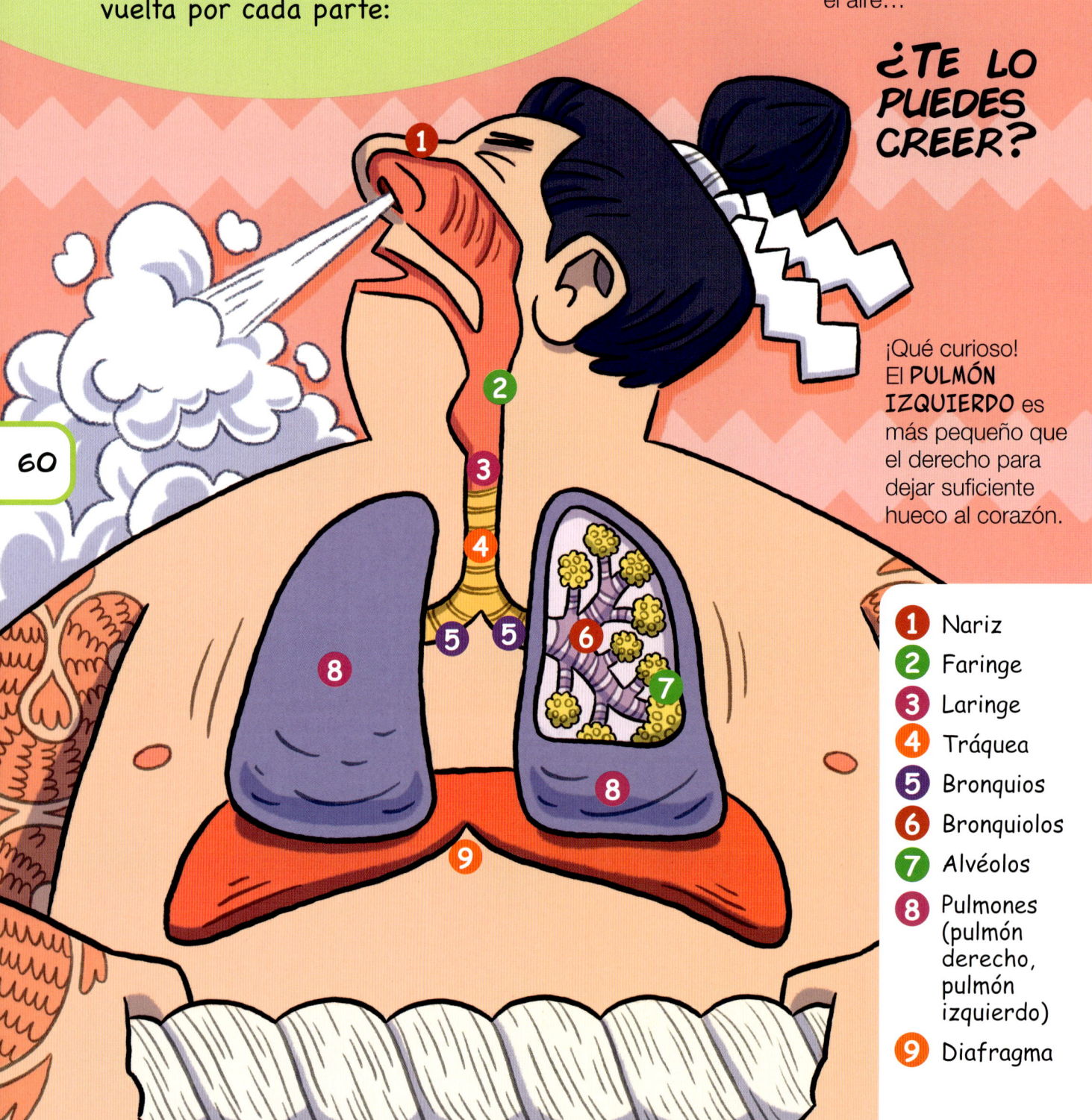

1 Nariz
2 Faringe
3 Laringe
4 Tráquea
5 Bronquios
6 Bronquiolos
7 Alvéolos
8 Pulmones (pulmón derecho, pulmón izquierdo)
9 Diafragma

¿Para qué sirven esos **PELILLOS DE LA NARIZ**? Para filtrar el aire que entra y evitar que llegue suciedad a los pulmones.

¡AAAACHÍSSSS!

El aire expulsado de un **ESTORNUDO** puede alcanzar los 110 km/h.

El interior de tus pulmones es como un bosque profundo, poblado por los **BRONQUIOLOS Y ALVÉOLOS.**

¡SON COMO ARBOLITOS!

¡HIP, HIP, HIP!

Debajo de los pulmones, en el pecho, tienes un músculo llamado **DIAFRAGMA** que controla el movimiento al respirar. Cuando se contrae… ¡**TIENES HIPO!**

Hay quien intenta solucionarlo tomando un vaso de agua y aguantando la respiración… Pero no siempre se puede: ha habido casos de hipo que duran ¡**HASTA 70 AÑOS!**

Sistema digestivo

Tu cuerpo obtiene los nutrientes y toda la energía de los alimentos que comes cada día. Viaja con ellos a través del aparato digestivo.

1 Boca
2 Esófago
3 Estómago
4 Intestino delgado
5 Intestino grueso
6 Recto
7 Ano

El bocado de espaguetis con ayuda de la **LENGUA**, la **SALIVA** y los **DIENTES**, pasará por la boca y el **ESÓFAGO** hacia el **ESTÓMAGO**.

Allí se producen los ácidos que descomponen las grasas, el **INTESTINO DELGADO** se encargará de hacer la digestión, el **INTESTINO GRUESO** almacenará los desechos y el **RECTO** guardará la caca hasta que vayas al baño, y ¡plop!, tu caca saldrá por el **ANO**.

PLAFFFFFF...

En el trayecto, tus espaguetis se convertirán en un **BOLO** muy viajero y muy generoso: transmitirá energía a la sangre y esto activará tu cuerpo.

Tu **ESTÓMAGO** es un gran almacén de comida masticada. ¡Guarda hasta cuatro tazas! Y durante cuatro horas.

PUFF... VAYA LÍO.

El **INTESTINO DELGADO** extendido cubriría la superficie de una pista de tenis, y no cabría en tu cuerpo.

TIPOS DE CACAS

PUUUFFF

Final del trayecto: ¡el baño!, con ayuda del **APARATO EXCRETOR,** los desechos convertidos en caca saldrán por el ano.

¡¡HASTA NUNCA!!

Hay **CACAS** de muchos tipos y tamaños: salchicha, bolitas duras, pastosa, líquida ¡uff, pero todas huelen muy mal! (Claro, es lo que no quieres).

Sistema circulatorio

Tienes por dentro toda una «carretera» de venas y arterias que distribuye sangre por todo el cuerpo. Es muy eficaz: va desde el corazón –el motor imparable– hasta los dedos de los pies.

EL CORAZÓN

1. Vena cava
2. Arteria aorta
3. Arteria pulmonar
4. Aurícula izquierda
5. Aurícula derecha
6. Ventrículo izquierdo
7. Ventrículo derecho

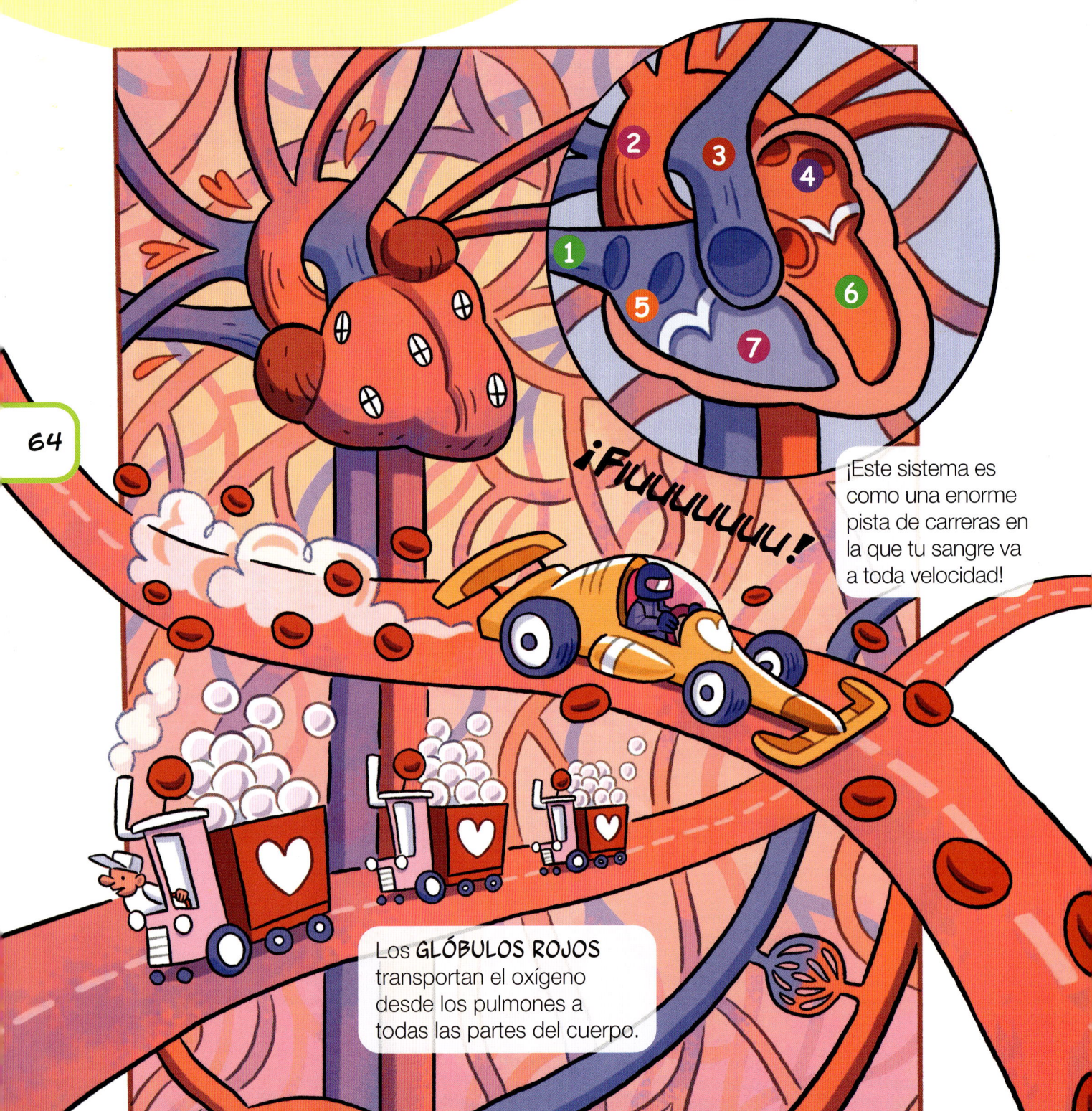

¡Fiuuuuuuu!

¡Este sistema es como una enorme pista de carreras en la que tu sangre va a toda velocidad!

Los **GLÓBULOS ROJOS** transportan el oxígeno desde los pulmones a todas las partes del cuerpo.

EN OBRAS

Las **PLAQUETAS** son como albañiles que reparan las venas y arterias cuando tienes una herida.

Los **GLÓBULOS BLANCOS** son imprescindibles porque son los guerreros que luchan contra virus y bacterias para mantenerte siempre sano.

A B AB O

Hay cuatro **TIPOS DE SANGRE** diferente: A B, 0 y AB, y todas pueden ser positivas y negativas.

Si pierdes sangre por un accidente o una enfermedad… ¡tranquilo! Un donante de sangre puede darte un poco de la suya, siempre que sea compatible. Por cada donación se salvan tres vidas.

¡GRACIAS, HÉROES!

65

Sistema reproductor

Este sistema es un conjunto de órganos internos (distintos en hombres y en mujeres) que sirve para poder tener hijos y también para poder expulsar la orina (el pis) del cuerpo.

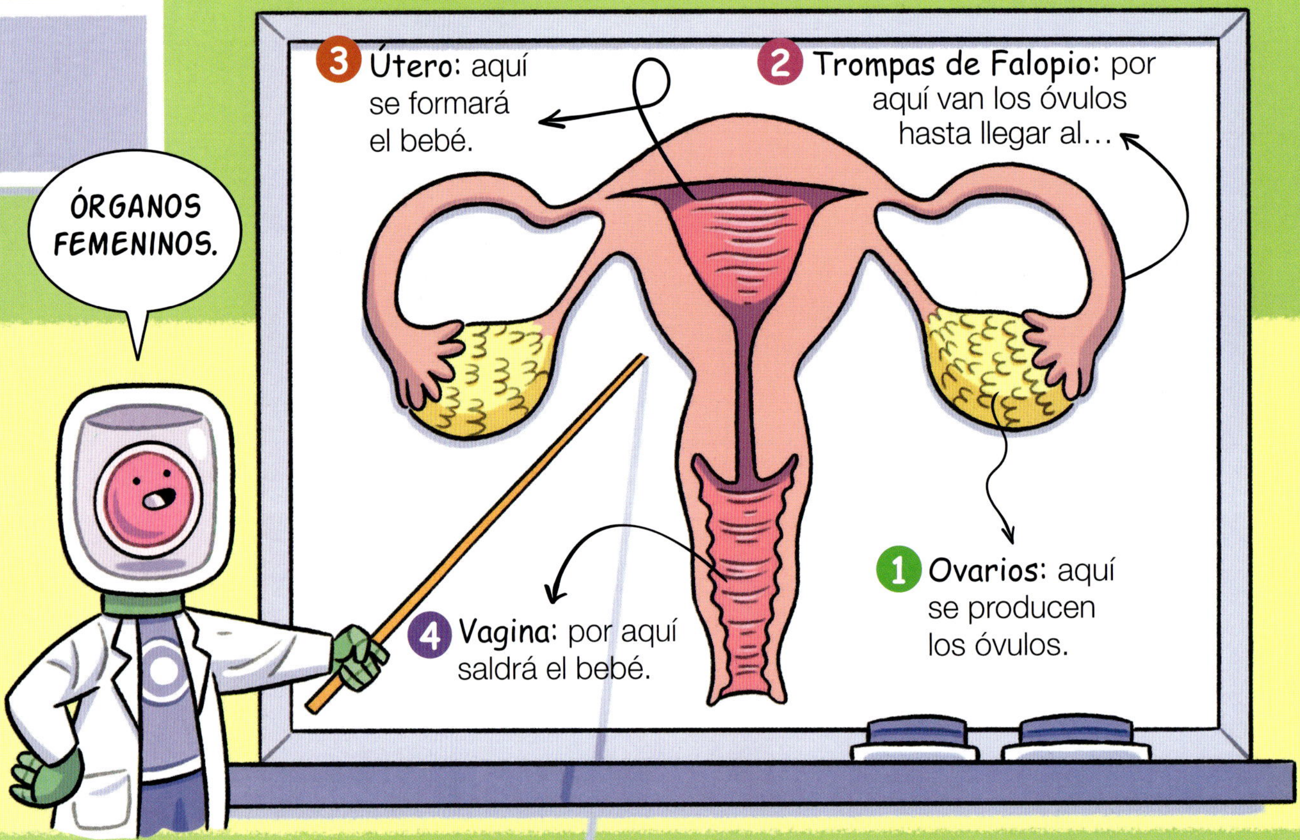

ÓRGANOS FEMENINOS.

3 Útero: aquí se formará el bebé.

2 Trompas de Falopio: por aquí van los óvulos hasta llegar al…

4 Vagina: por aquí saldrá el bebé.

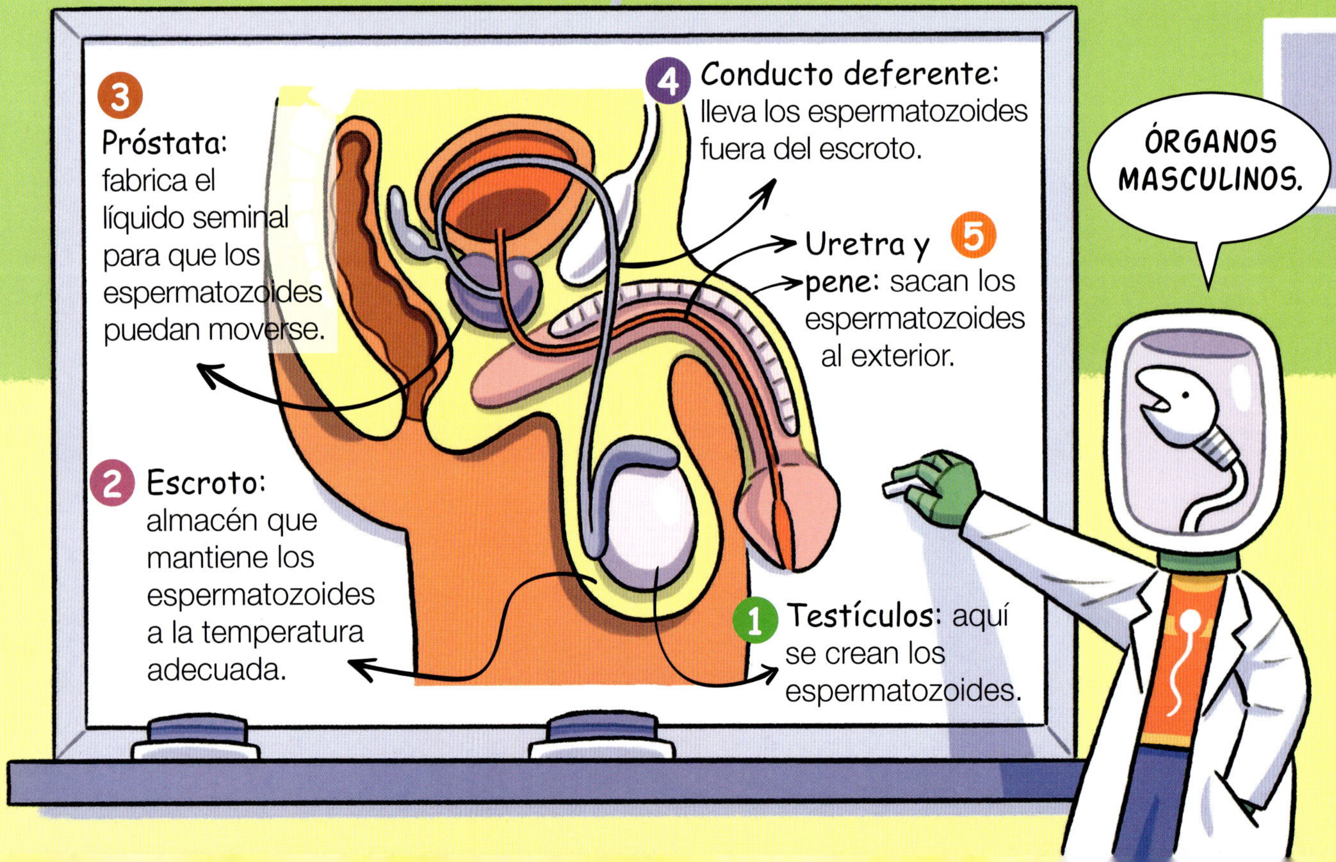

1 Ovarios: aquí se producen los óvulos.

3 Próstata: fabrica el líquido seminal para que los espermatozoides puedan moverse.

4 Conducto deferente: lleva los espermatozoides fuera del escroto.

ÓRGANOS MASCULINOS.

Uretra y 5 pene: sacan los espermatozoides al exterior.

2 Escroto: almacén que mantiene los espermatozoides a la temperatura adecuada.

1 Testículos: aquí se crean los espermatozoides.

66

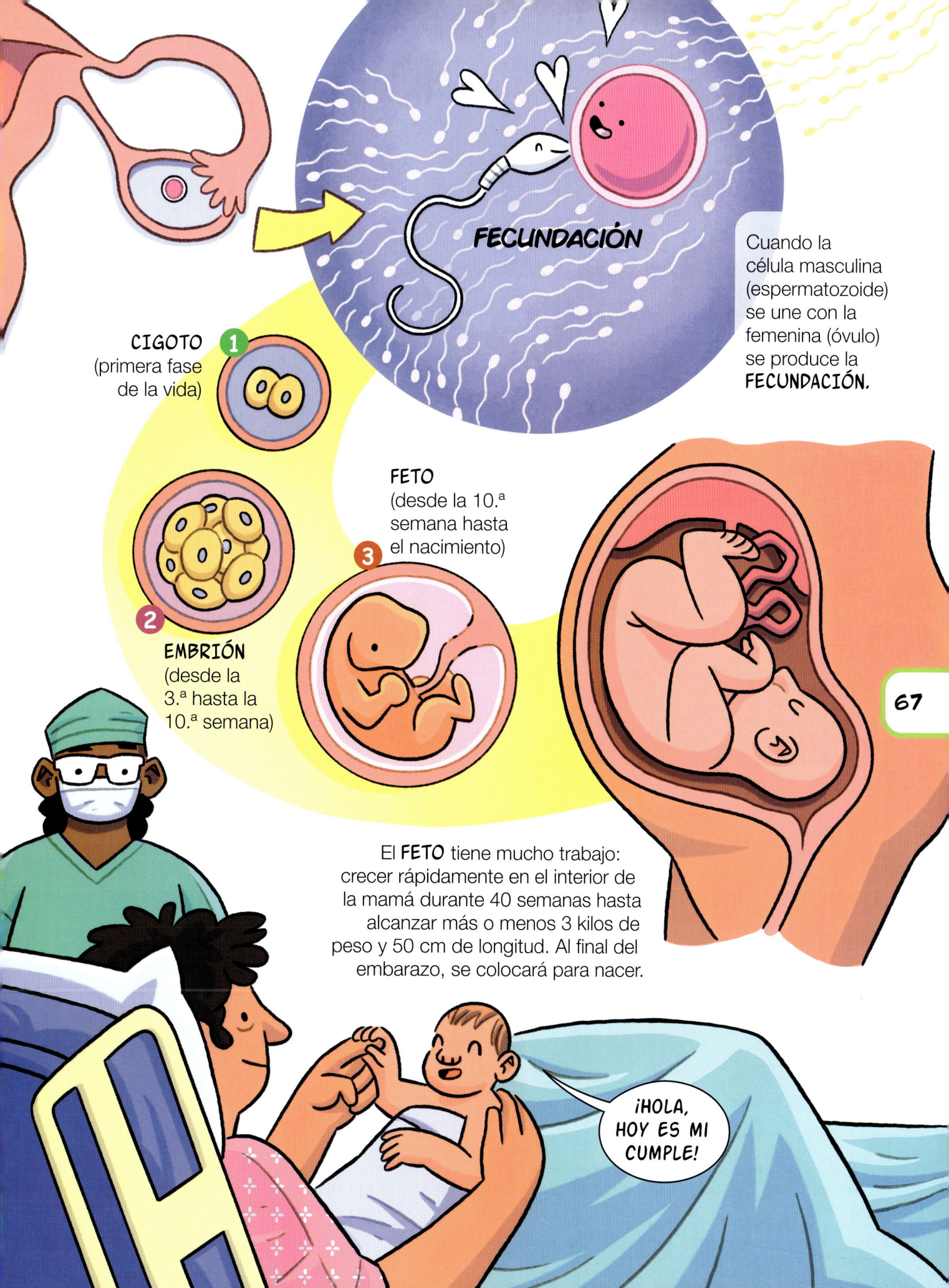

FECUNDACIÓN

Cuando la célula masculina (espermatozoide) se une con la femenina (óvulo) se produce la **FECUNDACIÓN.**

CIGOTO 1 (primera fase de la vida)

FETO (desde la 10.ª semana hasta el nacimiento) 3

EMBRIÓN (desde la 3.ª hasta la 10.ª semana) 2

67

El **FETO** tiene mucho trabajo: crecer rápidamente en el interior de la mamá durante 40 semanas hasta alcanzar más o menos 3 kilos de peso y 50 cm de longitud. Al final del embarazo, se colocará para nacer.

¡HOLA, HOY ES MI CUMPLE!

Sistema nervioso

El cerebro es nuestro gran centro de operaciones. Gracias a sus superpoderes, podemos pensar, hablar, reír, llorar, recordar o relacionar cosas.

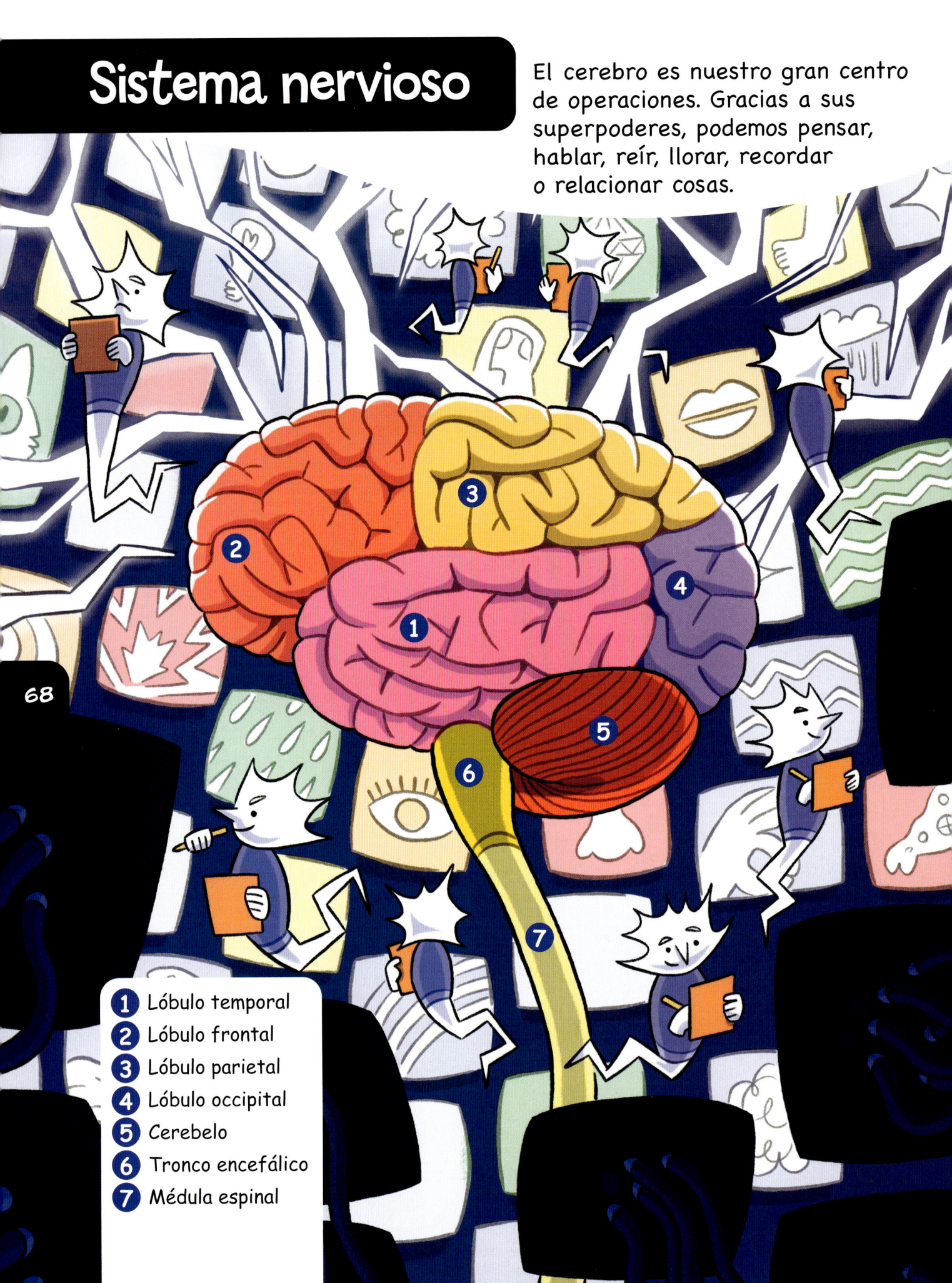

1 Lóbulo temporal
2 Lóbulo frontal
3 Lóbulo parietal
4 Lóbulo occipital
5 Cerebelo
6 Tronco encefálico
7 Médula espinal

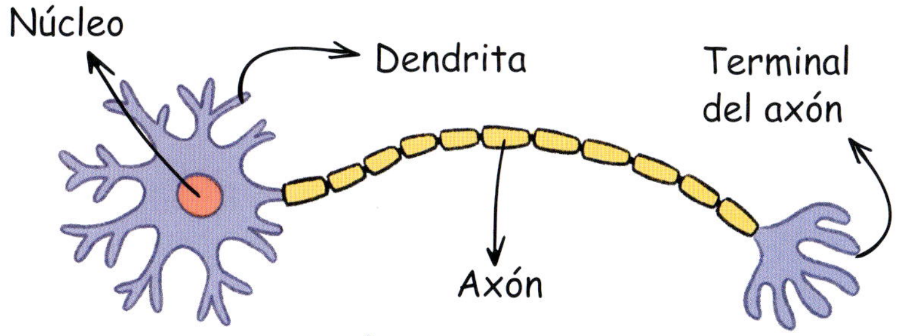

Núcleo

Dendrita

Terminal
del axón

Axón

86 000 MILLONES DE NEURONAS, junto con 100 000 millones de otras células mantienen este ordenador encendido. Juntas formarían una fila de más de 1 000 km.

El **75 %** de nuestro cerebro está compuesto de **AGUA** y **PESA 1,4 KG,** mientras que el de un elefante puede llegar a alcanzar los 5 kg.

¡NO PARA NUNCA!

Hasta los 12 años, tu cerebro es una máquina de aprender perfecta. No lo pongas en *off* y estudia. **RECIBE INFORMACIÓN INCLUSO CUANDO DORMIMOS.**

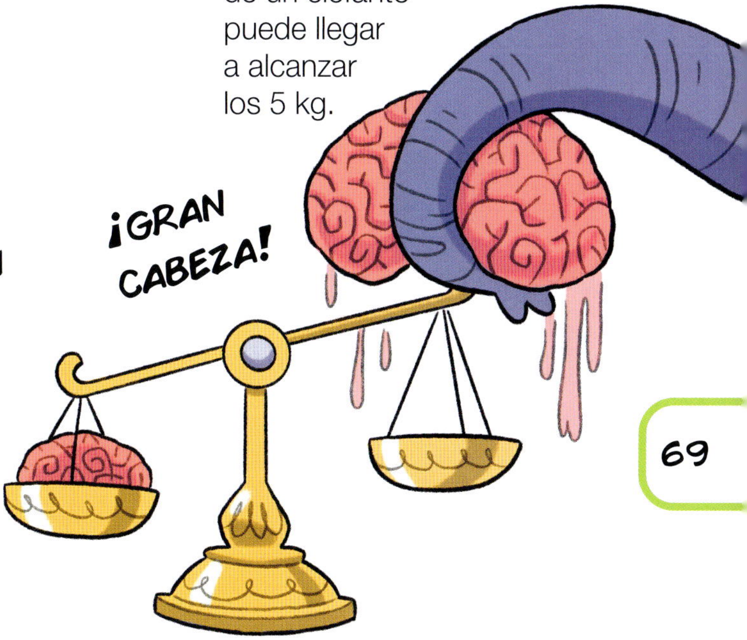

¡GRAN CABEZA!

OLFATO, GUSTO, VISTA, TACTO y **OÍDO...** (hasta 26 sentidos), están conectados al cerebro, le aportan la información que él interpreta con ayuda del sistema nervioso, antes de dar una respuesta al estímulo.

UUMMMMM

¡¡QUÉ BIEN HUELE!!

LA, LA, LA, LA, LA...

Un poco de historia

No siempre hemos vivido tan cómodos, antes de tener teléfono, ordenador o videoconsola tuvimos que descubrir algunas cosillas: el fuego, la rueda, la escritura... Desde el primer *Homo sapiens* hasta hoy han pasado un montón de cosas que deberías conocer...

Prehistoria

Hace 2,5 millones de años, en África, los primeros humanos tenían problemillas como los animales salvajes o el frío... Los fueron solucionando por etapas:

Paleolítico (2,5 millones de años-10000 a. C.)	Neolítico (9000-3000 a. C.)	Edad de los Metales (6000-1000 a. C.)

En el **PALEOLÍTICO** eran tan listos como tú (o más) y tuvieron una idea brillante...

¡DA GUSTO! LA COMIDA ESTÁ MUCHO MÁS RICA Y BLANDITA...

¡CONTROLAR EL FUEGO!

Los hombres y mujeres del **PALEOLÍTICO** iban de acá para allá (eran nómadas), siempre estaban muy ocupados...

... ¡O decorando las cuevas con pinturas rupestres!

Recolectando frutos...

YA LE GUSTARÍA A PICASSO...

Cazando...

Fabricando herramientas de piedra...

Haciendo fuego

Durante el **NEOLÍTICO,** los cazadores recolectores pensaron que su vida era muy incómoda y decidieron quedarse quietos en algún sitio. Empezaron a cultivar cereales y a domesticar animales. Con la agricultura y la ganadería nacieron también las primeras aldeas y sus inventos:

¡La rueda y el carro!

El arado y la hoz

Alfarería y cestería

El telar

En la **EDAD DE LOS METALES** la piedra dejó de estar de moda… Era mucho más *cool* hacer cosas de hierro, cobre, bronce…

¡ORO Y PLATA ES LO MEJOR!

¡HASTA PRONTO!

No todo iba a ser vil metal, por eso en esta época también se perfeccionó el barco de madera con velas de tela, remos y timón. Comerciantes y aventureros comenzaron a surcar los mares…

Egipto y Mesopotamia

He aquí dos grandes civilizaciones que quieren enseñarte su historia. Estamos en África, en el río Nilo (Egipto) y en la zona oriental, entre los ríos Tigris y Éufrates (Mesopotamia).

Anatolia

África

Egipto

Mesopotamia

Desierto de Arabia

En el **ANTIGUO EGIPTO** el que mejor vivía era el faraón, rey y líder religioso.

Con todo ese poder, vivía en un gran palacio y, cuando se moría, lo enterraban en una tumba espectacular: la **PIRÁMIDE.** Dentro se construía un laberinto para que los ladrones no pudiesen encontrar su tesoro ni su momia.

NO TE LO PIENSO DECIR...

SOY UN DIOS EN LA TIERRA.

¡UPS! ¿POR DÓNDE ERA?

Cámara del rey

Conducto norte

Conducto sur

Cámara de la reina

Entrada

Cámara subterránea

La escritura **JEROGLÍFICA** era una obra de arte: en lugar de letras, usaban signos y dibujos.

Cuando alguien moría, los egipcios lo momificaban para que el alma del difunto tuviera un buen lugar en el que vivir eternamente junto a los dioses **ANUBIS, ISIS** y **OSIRIS.**

74

En **MESOPOTAMIA** hubo imperios tan poderosos como el Sumerio, el Acadio, el Babilónico o el Asirio… Allí preferían la escritura cuneiforme.

El rey babilónico **HAMMURABI** mandó grabar en piedra la ley escrita más antigua del mundo: el famoso Código de Hammurabi que castigaba a pagar el delito «ojo por ojo y diente por diente».

El templo principal era el **ZIGURAT.**

Los Jardines Colgantes de Babilonia estaban en Nínive, la capital del imperio Asirio, donde el rey **ASURBANIPAL** tenía un palacio decorado con bajorrelieves con escenas de caza como la famosa leona herida.

La capital del imperio Babilónico, **BABILONIA,** era una ciudad con una impresionante muralla cuyas puertas se decoraron con ladrillos de esmalte de colores que formaban leones, toros y hasta dragones mitológicos.

Grecia

Aunque Grecia estuvo habitada desde hace más de 2500 años, la etapa más importante es la que llamamos Grecia clásica (800 a. C. – 323 a. C.). Te preguntarás por qué... ¡Y te lo vamos a contar!

Las ciudades griegas eran independientes, las llamaban polis o **CIUDADES-ESTADO.** Todas tenían una estructura parecida:

Templo

Acrópolis o zona alta

Teatro

Campos de cultivo

Ágora o plaza principal

Viviendas

Las ciudades-Estado más famosas fueron **ATENAS** y **ESPARTA,** que eran muy diferentes: Esparta tenía una oligarquía (gobierno de unos pocos), y Atenas una democracia (gobierno del pueblo); los espartanos eran soldados y los atenienses, pensadores y artistas... A pesar de todo, fueron aliados en las guerras contra Persia.

ME VOY A LA GUERRA.

PUES YO ME VOY A ESTUDIAR FILOSOFÍA.

Los griegos eran politeístas, o sea que creían en muchos dioses y diosas, que eran una gran familia:

ZEUS, «jefe de los dioses», dios del cielo y del trueno.

HERA, reina de las diosas, protectora del matrimonio.

POSEIDÓN, dios de los mares y los océanos.

ARES, sanguinario dios de la guerra.

ATENEA, diosa de la sabiduría y las ciencias.

AFRODITA, diosa de la belleza y del amor.

ARTEMISA, diosa de la caza y del bosque.

APOLO, dios de las artes, la poesía y la música.

HEFESTO, dios del fuego y de la forja.

HERMES, mensajero de los dioses.

Precisamente en honor a Zeus, su dios principal, cada cuatro años se celebraban unos **JUEGOS OLÍMPICOS** con pruebas como…

… Carreras a pie o con carros, saltos, lucha o lanzamiento de disco. **MIRÓN** inmortalizó a uno de esos atletas en su famosa escultura. ¿Sería este su modelo?

¡¡¡ALLÁ VOOOYYYY!!!

Roma

Según la leyenda, los gemelos Rómulo y Remo, que eran hijos de Marte, fueron criados por una loba, y al hacerse mayores, Rómulo fundó la ciudad de Roma. Sea verdad o mentira, aquella ciudad extendió su poder por medio mundo: ¡Todo un Imperio!

¡BIENVENIDOS AL IMPERIO ROMANO!

Según se extendían, los romanos construían **CIUDADES** ordenadas con un esquema muy parecido: una ciudad rectangular rodeada por una muralla.

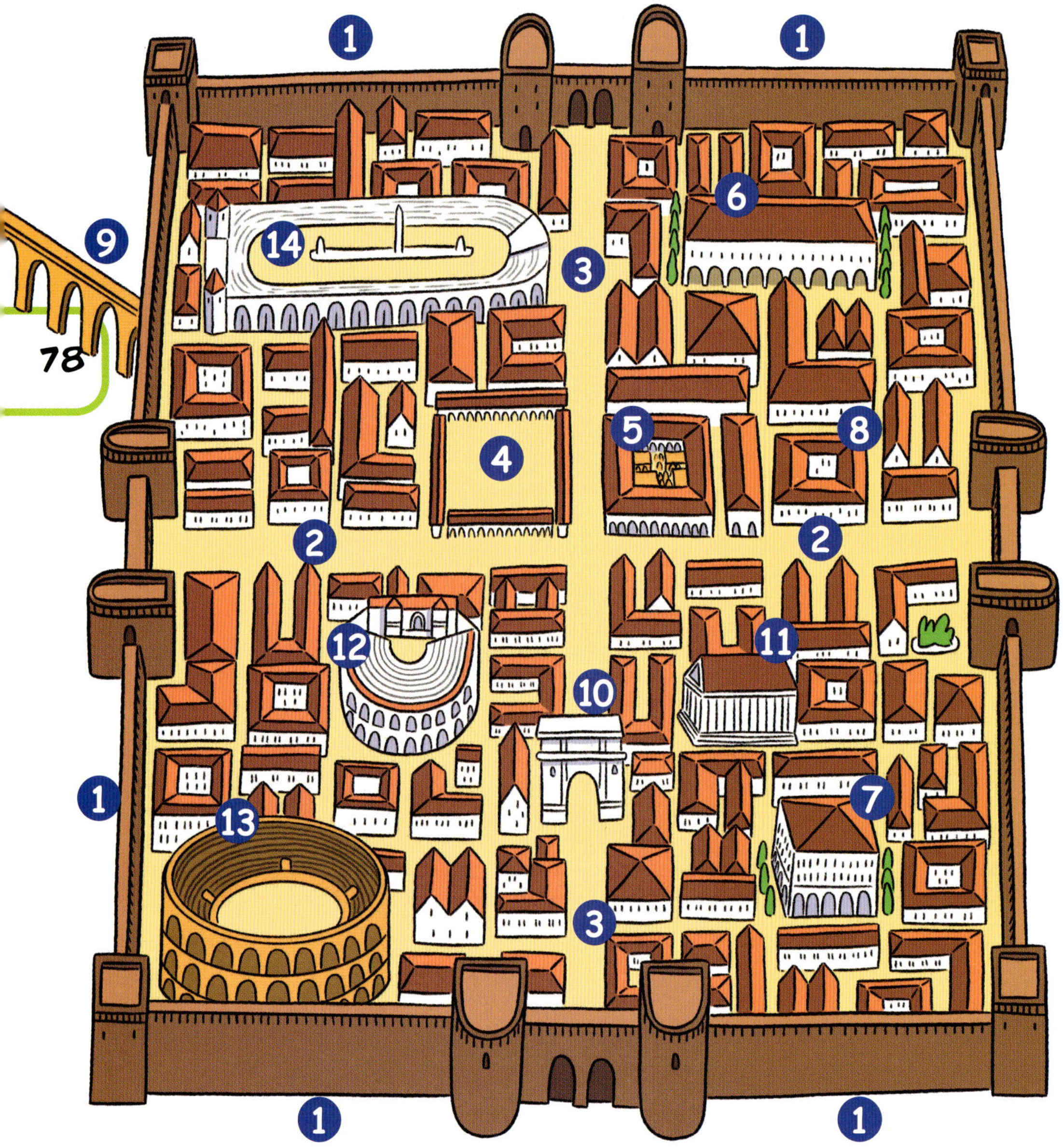

78

1 Muralla defensiva

2 Decumano o calle principal de Este a Oeste

3 Cardo o calle principal de Norte a Sur

4 Foro o centro de la ciudad

5 Mercado

6 Termas o baños públicos

7 Domus o casa para familias acomodadas

8 Ínsula o bloque de viviendas en pisos humildes

9 Acueducto

10 Arco de triunfo

11 Templo

12 Teatro para comedia y tragedia

13 Anfiteatro para la lucha de gladiadores

14 Circo para carreras de carros

Como ves, eran grandes ingenieros y como les encantaba el espectáculo, unieron las dos cosas haciendo edificios parecidos a nuestros modernos estadios de fútbol, por ejemplo, en el **COLISEO** cabían unos 70 000 espectadores y en el **CIRCO MÁXIMO...** ¡unos 200 000!

El **EJÉRCITO** romano fue el más poderoso del mundo. Se dividía en legiones de unos 5 000 soldados uniformados, armados y entrenados en tácticas como la **FORMACIÓN EN TORTUGA.**

Los romanos adaptaron los dioses griegos poniéndoles otros nombres.

DIOS GRIEGO	DIOS ROMANO
Zeus	Júpiter
Hera	Juno
Poseidón	Neptuno
Afrodita	Venus
Ares	Marte
Atenea	Minerva
Apolo	Febo
Hefesto	Vulcano
Artemisa	Diana
Hermes	Mercurio

En este libro el Lejano Oriente está bastante cerca. Es hora de visitar la milenaria China y la misteriosa cultura japonesa, pero te lo advertimos...
¡Te van a encantar!

Oriente

El primer emperador de una China unificada fue **QIN SHI HUANG.** Quizá no sepas quién es, pero... ¿y si te decimos que mandó construir los famosos Guerreros de Terracota?

VOY A ESTAR MUY BIEN ACOMPAÑADO EN EL MÁS ALLÁ.

Se hizo una tumba con un ejército de más de 8 000 soldados, además de unos 130 carros tirados por caballos y otras figuras (desde acróbatas hasta músicos).

La construcción más impresionante está también en China: **LA GRAN MURALLA.** Se tardó siglos en construir, desde el V a. C. hasta el XVI. ¡Más de 20 000 km con almenas y torres!

Tardarías más de 100 días en llegar al final de la Gran Muralla ... Y es que en China eran expertos en largas excursiones como... **¡LA RUTA DE LA SEDA!**

¡OFERTA, OFERTAAAAA!

Desde el siglo I a. C. conectaron casi toda Asia por este camino para comerciar con seda, piedras preciosas, especias, porcelana... **¡UN MERCADO NÓMADA DE LUJO!**

En Japón, fue muy importante el **SAMURÁI,** un guerrero habilidoso en las artes marciales, el tiro con arco, la espada y la equitación que llevaba una armadura de placas metálicas y un casco, a veces con una fiera máscara. Además, tenía un código de conducta de valor y honor, lealtad y disciplina.

¡TODO UN CABALLERO!

Bienvenidos a una **CASA TRADICIONAL JAPONESA** durante el periodo Edo…

Puertas correderas

Biombo

Cama futón

Ceremonia del té

Suelo de tatami

Jardín zen

Sombrilla

Kimono

Bambú

Sandalias Geta

América

En la América antigua destacaron tres poderosas civilizaciones: maya, azteca e inca. Vamos a verlas una por una...

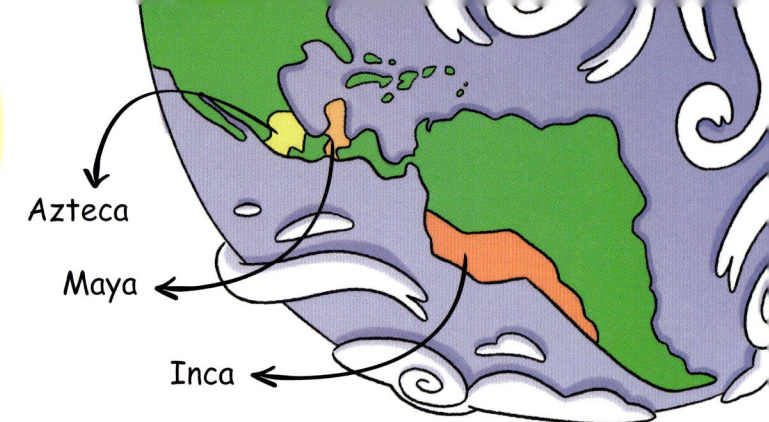

Azteca

Maya

Inca

¿Te gustan las palomitas? Pues sin los **MAYAS** no existirían: fueron los primeros en cultivar maíz y lo consideraban sagrado.

En **CHICHÉN ITZÁ** se puede ver el templo maya de Kukulcán, con cuatro lados, cada uno con 91 escalones, para llegar al templo de arriba, con otro más. En total: **365 ESCALONES,** uno por cada día del año.

Los mayas eran **GRANDES MATEMÁTICOS:** conocían el concepto del cero y usaban un código de puntos y barras para representar los números.

12 =

0

¿Serías capaz de aprender a escribir en maya? Tenían una **CALIGRAFÍA CON...** ¡MÁS DE 700 SIGNOS!

¡VAYA LÍO!

A A B B C T E H

I CA K L M N O O

PP CU KU X X U U Z P

La capital del **IMPERIO AZTECA** (o mexica) era Tenochtitlán, donde construyeron grandes palacios y templos dedicados a sus dioses. Los principales eran…

QUETZALCÓATL O SERPIENTE EMPLUMADA: dios de la vida, la fertilidad y la civilización.

HUITZILOPOCHTLI: dios de la guerra… ¡de un pueblo muy guerrero!

TLÁLOC: dios de la lluvia, fundamental para las buenas cosechas.

POBRE DEL QUE SE META CONMIGO…

¡TODOS ME ADORAN!

Los aztecas, recibían una formación militar. Cuentan que el emperador **MOCTEZUMA** tenía dos casas con armas entre escudos, arcos, espadas y lanzas, muchas de ellas de oro y piedras preciosas.

La capital del **IMPERIO INCA** era Cuzco, pero su ciudadela sagrada de **MACHU PICCHU**, en mitad de los Andes, es una de las siete maravillas del mundo moderno. Su rey, el Inca, era «hijo del sol»… ¡Todo un dios! Aunque tenían muchos otros…

¡SOY EL MÁS BRILLANTE!

INTI: dios del sol.

VIRACOCHA: gran dios de todo lo creado.

PACHAMAMA: diosa de la tierra.

Edad Media

Sitúate: la Edad Media es todo lo que pasó en Occidente entre los siglos v y xv, desde la caída del Imperio romano hasta que se descubrió América. Diez siglos son largos de contar... ¡Te vamos a hacer un resumen!

Durante la Edad Media el territorio se dividía en feudos. Un feudo incluía el castillo del señor, junto con sus tierras y bosques. La sociedad medieval no era muy igualitaria... Se dividía en estamentos que pueden distinguirse muy bien en forma de pirámide:

¡AQUÍ MANDO YO!

SOY MUY CORTÉS...

Rey: tenía todo el poder.

Nobleza o señores feudales y caballeros que acompañaban al rey.

Alto clero: por ejemplo, los obispos

AMÉN

¡UF, SIEMPRE NOS TOCA TRABAJAR A LOS MISMOS!

Soldados del ejército

Bajo clero: por ejemplo, frailes.

Campesinos: que podían ser libres o siervos (esclavos).

84

① **Foso:** zanja de agua alrededor del castillo.

② **Puente levadizo:** para entrar o salir, se bajaba.

③ **Rastrillo:** reja protectora de la puerta.

④ **Saetera:** para disparar flechas.

⑤ **Torre del homenaje:** donde vivía el señor y su familia.

⑥ **Capilla:** para rezar.

⑦ **Almenas:** para defenderse.

⑧ **Patio de armas:** donde entrenaban los soldados.

El señor medieval rendía homenaje al rey: le juraba fidelidad y ayuda en la guerra... Pero a cambio, era dueño y señor de sus propias tierras y de su castillo, una verdadera fortaleza difícil de atacar.

En el siglo XI aparecieron núcleos urbanos llamados **BURGOS** y una nueva clase social: la **BURGUESÍA**, artesanos y comerciantes que se fueron haciendo ricos.

Construyeron grandes **CATEDRALES** de estilo gótico: iglesias enooooormes con planta de cruz y muy estilizadas.

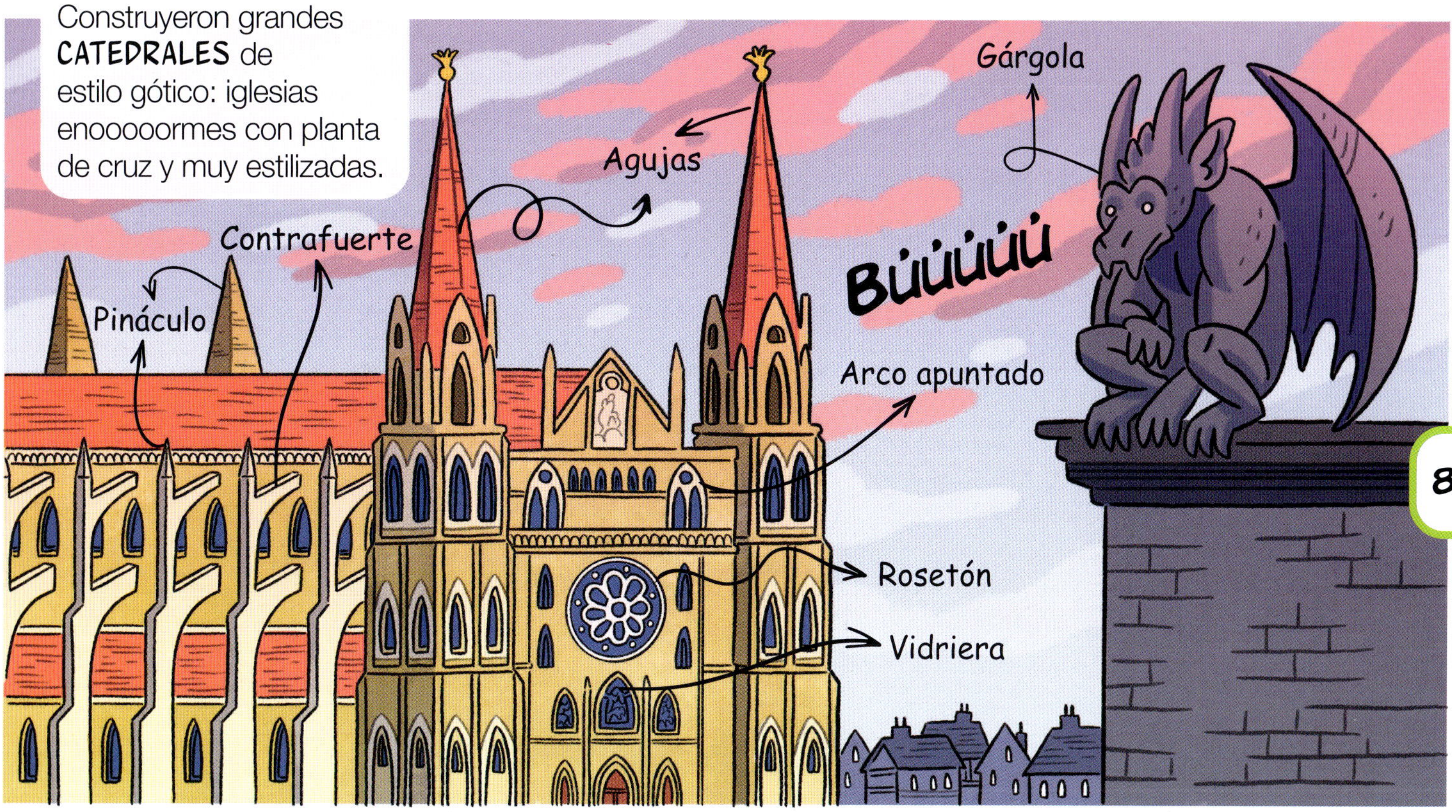

Gárgola

Agujas

Contrafuerte

Pináculo

Arco apuntado

Búúúúú

Rosetón

Vidriera

No todo era tan romántico en la Edad Media… en el siglo XIV hubo una terrible pandemia: la **PESTE NEGRA** mató a más de la mitad de la población en Europa por culpa de una bacteria en las pulgas de las ratas que pasó a los humanos.

¡YO NO HE SIDO! ¡FUE UNA BACTERIA!

Vámonos a Italia, ya estamos en el siglo xv y un nuevo estilo se impone... ¡Espera! ¿Nuevo? ¿Pero el Renacimiento no era un «renacer» de la cultura clásica griega y romana? Bueno, es verdad, pero desde un punto de vista muy moderno...

Renacimiento

La primera etapa del Renacimiento se llama **QUATTROCENTO** y se sitúa en Florencia, donde los burgueses querían tener cosas bonitas.

Una familia de poderosos banqueros, **LOS MÉDICI,** fueron «mecenas» o protectores de grandes artistas:

HOLA, SOY LORENZO DE MÉDICI, PERO ME LLAMAN «EL MAGNÍFICO»... POR ALGO SERÁ...

... Y ESTE ES MI HIJO JUAN, QUE LLEGÓ A SER PAPA CON EL NOMBRE DE LEÓN X.

BOTTICELLI pintó un tema de la antigüedad clásica, el mito del **NACIMIENTO DE VENUS,** pero de un modo completamente nuevo, ¿verdad?

LEONARDO DA VINCI fue pintor, escultor, inventor, científico, músico, poeta… Lo que llamaron un «polímata» en el Renacimiento, un verdadero sabio, artista y genio.

LOS LUNES PINTO LA MONA LISA…

LOS MARTES ESTUDIO ANATOMÍA…

LOS MIÉRCOLES INVENTO UN HELICÓPTERO…

87

La segunda etapa del Renacimiento es el **CINQUECENTO** y su centro neurálgico es Roma, en el Vaticano, donde la Iglesia mandó construir la Basílica de San Pedro a Bramante, Rafael, Miguel Ángel, Bernini… Tiene la cúpula más alta del mundo: ¡136 metros!

¡UY, QUE NO LLEGO!

Además de participar en la Basílica de San Pedro, **MIGUEL ÁNGEL** hizo algunas otras cosas… Por ejemplo, estuvo cuatro años pintando él solito tooooda la bóveda de la **CAPILLA SIXTINA**, aunque el trocito más famoso sea *La creación de Adán*.

Revolución francesa

Se avecinan disturbios... A finales del siglo XVIII, los franceses estaban hartos de pasar hambre mientras sus reyes vivían... ¡como reyes!

LUIS XVI y **MARÍA ANTONIETA** tenían 357 espejos de la Galería de los Espejos del palacio de Versalles para verse vestidos de seda, mientras la población de París pasaba hambre.

88

Cansados de que el rey y la nobleza tomaran todas las decisiones, el pueblo salió a las calles enfurecido y tomó la **BASTILLA,** que era la prisión real.

También las mujeres que trabajaban en los mercados, furiosas por el precio de los alimentos, marcharon hacia **VERSALLES** reuniendo a una multitud.

¡LIBERTAD!

¡IGUALDAD!

¡FRATERNIDAD!

Aunque los reyes de Francia intentaron huir, fueron detenidos, encarcelados, juzgados y… ejecutados en la guillotina.

¡GLUPS!

¡GLUPS!

¡SIGUIENTE!

¡LA BANDERA FRANCESA!

El **GORRO FRIGIO** y la **ESCARAPELA TRICOLOR** (azul, blanca y roja) se convirtieron en los símbolos de los revolucionarios. ¿A qué se parece? Son los colores de…

La **REVOLUCIÓN FRANCESA** lo cambió todo. A partir de entonces, se empezó a pensar en un mundo en el que ya no habría súbditos de un rey, sino ciudadanos libres con igualdad de derechos.

Revolución industrial

En la Inglaterra del siglo XVIII hubo otra revolución. No fue violenta, pero también transformó la economía y la sociedad para siempre.

Desde la Edad Media, las técnicas para trabajar habían sido casi las mismas; simplemente, todo se hacía a mano. Y entonces llegó James Watt con un invento fabuloso: **LA MÁQUINA DE VAPOR.**

Agua caliente

Pistón

Fuego

Vapor

Carbón

Rueda de transmisión

«¿Dónde aprovecharíamos esta ingeniosa máquina?» Y se les ocurrió usarla para el **TRANSPORTE:** las mercancías viajarían en ferrocarril y en barco de vapor.

Las ciudades se llenaron de fábricas con máquinas de vapor, en las que los obreros trabajaban en cadena... ¡Se acabó la artesanía!

Y eso no fue todo… El mundo entero se fue llenando de máquinas e inventos ingeniosos.

¡RAYOS Y CENTELLAS!

¡QUEMANDO RUEDA!

1752: el **PARARRAYOS** de Benjamin Franklin.

1839: **LA BICICLETA CON PEDALES** de Kirkpatrick MacMillan.

1844-1929: el **AUTOMÓVIL** de Karl Benz.

TAC
TAC
TAC
TAC

1851: la **MÁQUINA DE COSER** con pedal de Isaac Merritt Singer.

1868: la **MÁQUINA DE ESCRIBIR** de Christopher Sholes.

1879: la **BOMBILLA** de Thomas Alva Edison.

La Revolución Industrial también tuvo una parte oscura, como las penosas condiciones de trabajo de los obreros, que tuvieron que unirse en sindicatos para defender sus derechos.

… Y con el humo de las fábricas, que fue el primer responsable de la contaminación del planeta a gran escala.

Revolución científica

Hasta la Edad Media, la respuesta al por qué de las cosas tenía más de religión y superstición que de observación y experimentación...

El precursor de toda la revolución científica fue **NICOLÁS COPÉRNICO.** En el siglo XVI tuvo el atrevimiento de decir que la Tierra NO era el centro del Universo.

¡EL CENTRO ES EL SOL!

En el siglo XVII, un tal **ISAAC NEWTON** vio caer una manzana del árbol y se le ocurrió la ingeniosa Ley de la Gravedad.

¡QUÉ CURIOSO! TODO CAE PARA ABAJO... ¿SERÁ POR LA GRAVEDAD?

Pero para revolucionarios, **CHARLES DARWIN.** En 1831 viajó por el mundo a bordo del *Beagle* para estudiar plantas y animales que le sirvieron de base para su teoría de la evolución de las especies. No gustó en su época, porque negaba el origen divino de la vida.

¿EL HOMBRE UN PRIMATE? ¡QUÉ ESCÁNDALO!

En la misma época, **GREGOR MENDEL** vivía tan tranquilo cultivando el huerto de un convento, cuando observando las variedades de los guisantes, descubrió las leyes fundamentales de la herencia genética.

Un poco más tarde, **MARIE CURIE,** la única persona que ha ganado dos premios Nobel en dos disciplinas distintas (Física y Química), descubrió dos nuevos elementos químicos.

Ya en el siglo XX, el científico **ALBERT EINSTEIN** reinventó la Física con su teoría de la relatividad, donde el espacio y el tiempo… son relativos.

Revolución tecnológica

El mundo no ha dejado de desarrollarse desde finales del siglo XIX. En muy poco tiempo, hemos llenado nuestras casas y oficinas de máquinas complejas...

En 1876 **GRAHAM BELL** patentó el teléfono, un invento que «tomó prestado» del teletrófono de Antonio Meucci. ¡Vaya negocio fue! En 1886 ya había 150 000 en Estados Unidos.

Del teléfono fijo y con centralita, se pasó al **TELÉFONO MÓVIL.** El primero pesaba casi un kilo y tenía el «sencillo» nombre de DynaTAC 8000X.

En 1895 los **HERMANOS LUMIÈRE** proyectaron la primera película en el Gran Café de París. Eran 46 segundos, muda y en blanco y negro... ¡Pero hizo historia!

Se cuenta que entre los asistentes del cinematógrafo Lumière estaba **GEORGES MÈLIÉS**, un ilusionista que entendió el cine como una fábrica de sueños y que en 1902 estrenó la primera película con efectos especiales: el *Viaje a la Luna.* 14 minutos y 12 segundos con astronautas y selenitas…

En 1896 **MARCONI** patentó la primera radio: aquello de recibir y enviar mensajes de voz sin hilos sorprendió mucho.

En 1910 **ALVA FISHER** patentó la primera lavadora, que no tenía centrifugado. Y en 1945 **PERCY SPENCER** patentó el primer microondas… ¡Medía unos 2 metros!

En 1926 **JOHN LOGIE BAIRD** inventó la televisión. Por supuesto, era en blanco y negro y no tenía mando a distancia, pero era un gran comienzo.

Olvídate del ábaco. En 1936 **ALAN TURING** creó una máquina clave para la computación moderna y en 1938 Konrad Zuse la perfeccionó: la primera computadora electro-mecánica, la Z1.

Bill Gates

Steve Jobs

Steve Wozniak

Tim Berners-Lee

En 1975 se fundó **MICROSOFT** y en 1976, **APPLE.** En 1990 Tim Berners-Lee creó la **WORLD WIDE WEB** (www), así que, aunque creas que no puedes vivir sin internet, solo llevamos poco más de 30 años con ello… ¡Y lo que nos queda!

Para saber más

ARCHIPIÉLAGO: conjunto de islas más o menos próximas o agrupadas.

ARTERIA: vaso que lleva la sangre desde el corazón hasta el resto del cuerpo.

AURÍCULA: cavidad del corazón que recibe la sangre oxigenada desde los pulmones.

AVE, CAESAR, MORITURI TE SALUTANT: frase latina que significa «Salve, César, los que van a morir te saludan» que se atribuye popularmente a lo que decían los gladiadores antes de luchar.

BACTERIA: microorganismo unicelular que puede causar enfermedades.

BRANQUIAS: órgano respiratorio de los animales acuáticos.

DUNA: colina de arena que se mueve por efecto del viento en un desierto.

ECOSISTEMA: conjunto de especies y el medio físico en el que viven y se relacionan.

EDAD DE LOS METALES: periodo prehistórico que empezó más o menos en el 3000 a. C. y en el que los humanos empezaron a trabajar el metal para fabricar herramientas.

EDAD DEL HIELO: época de la Tierra que comenzó hace unos 21 000 años y terminó hace unos 11 000 años, en los que el planeta sufrió temperaturas gélidas y se expandieron los polos y los glaciares.

HEMISFERIO: cada una de las dos mitades de la superficie terrestre dividida imaginariamente por la línea horizontal del ecuador. El hemisferio norte está por encima del ecuador y el sur, por debajo.

INVERTEBRADO: animal que carece de columna vertebral como los moluscos o los insectos.

JANE GOODALL: etóloga pionera en el estudio de los chimpancés salvajes y en compararlos con el ser humano.

MAMÍFERO: animal que se desarrolla en el vientre materno y se alimenta de la leche de la hembra.

METEORITO: fragmento de cualquier cuerpo celeste que cae sobre cualquier otro astro.

NEOLÍTICO: periodo prehistórico que empezó en el 6000 a. C. en el que los humanos se hicieron sedentarios y comenzó la agricultura y ganadería.

OMATIDIOS: unidades sensoriales que captan la luz y que forman los ojos compuestos de muchos insectos.

ÓRBITA: trayectoria curva de un cuerpo que se mueve alrededor de otro.

OVÍPARO: animal que se reproduce por huevos.

PALEOLÍTICO: periodo prehistórico que empezó hace unos 2,6 millones de años en el que los humanos tallaron herramientas de piedra y descubrieron el fuego.

PICASSO, PABLO: pintor y escultor español nacido en 1881 y muerto en 1973 que fue uno de los creadores de la corriente artística del Cubismo.

PLANETA: cuerpo celeste que gira alrededor de una estrella, como, por ejemplo, la Tierra.

POLINIZACIÓN: proceso por el que un grano de polen deja el estambre de una planta para llegar al pistilo de otra permitiendo que germinen nuevas plantas.

POMPEYA: antigua ciudad romana que fue destruida por la erupción del volcán Vesubio en el año 79. La ciudad quedó enterrada bajo lava y ceniza durante siglos, conservando debajo todos los restos arqueológicos que se pueden visitar.

PULGAR OPONIBLE: capacidad del ser humano y algunos primates de mover el dedo pulgar hacia el lado opuesto de la mano, lo que permite desarrollar habilidades manuales únicas en el reino animal, como fabricar herramientas, escribir, etc.

SATÉLITE ARTIFICIAL: vehículo (con o sin tripulación) que orbita cualquier astro para recoger información.

SATÉLITE: cuerpo celeste que gira alrededor de un planeta, como, por ejemplo, la Luna.

SPQR: abreviatura de *Senatus Populusque Romanus,* que significa «Senado y pueblo romano» y que aparecía en monedas, inscripciones y el blasón de las legiones romanas. Hoy es el emblema oficial de la ciudad de Roma.

VENA: vaso por el que la sangre retorna al corazón.

VENTRÍCULO: cámara del corazón que recibe la sangre de las aurículas para bombearla.

VERTEBRADO: animal con esqueleto y columna vertebral, como peces, anfibios, reptiles, aves y mamíferos.